最強暢聊法

芝山大補／著

張佳雯／譯

笑神助攻！越聊越開心的說話術

前言

跟第一次見面的人
你會聊些什麼？

突如其來這麼一問，不好意思啊！

不過，如果你總是只會問以下老生常談的問題，那你一定要看這本書。

・請問在哪高就？
・請問府上哪裡？
・請問你是哪裡人？
・你有什麼興趣？

事實上這些全都是不能炒熱氣氛，也無法與對方融洽對談的典型例子。

對於初次見面的人，能夠縮短距離的「溝通高手」，會這樣說：

・怎麼覺得這裡有點熱（冷）？
・今天空氣好乾喔！
・你看看，我剛剛把衣服弄髒了。

也就是**會積極聊這類「沒有內容的話題」**。

理由後面會再加以說明。很多人都會想聊有內容的話題，卻聊不下去，而爲了人際關係煩惱不已。

以談話互動的反應來看，溝通高手和拙於應付的人就會天差地遠。例如主管跟你說「來嚐嚐這個蛋糕」，你大口吞下之後，應該說些什麼？

哇！好好吃喔！

這是60分的答案。

而會被大家喜愛的人，是這樣回答的。

哇！這是在哪裡買的?!我這個週末也要去買！

這就是本書中所介紹的「**表達感想時要帶入行動**」的反應秘訣。

這一點小小的不同，對於是不是能往下聊、是否能帶給人好感、是否能在初次見面也能破冰等，在溝通與人際關係上會產生很大的差異。

會想要翻閱本書的你，多少都對溝通或人際關係有些煩惱吧！

- **話題無以為繼、聊不下去**
- **面對不同的對象，無法炒熱氣氛**
- **在特定的社交場合沒有存在感**

我可以斷言，問題不是出在你的個性或談話能力。

單純只是**不知道「那一點點談話技巧」**而已。

在製造談話氛圍、舉止措辭、時機、題材的選擇上，只要稍作改變，任何人都能讓談話氣氛變得熱烈。

只要有意識的略微調整、轉換表現方式，談話的熱烈度和趣味度、給對方的印象，都會有很大的不同。

多一點風趣，人生超級美好

接下來做個遲來的自我介紹。

我平常的工作是幫藝人構思段子的「段子作家」，目前爲止已經合作過三百組以上的藝人。另外還有以暱稱「shibapi」在 YouTube 和 TikTok 發表搞笑技巧及溝通技巧的影片。

我曾經當過一陣子藝人，在二〇〇九年、二〇一一年各以不同的組合進入日本「短劇之王」總決賽；也曾與現在日本人很熟悉的搞笑藝人不破小姐，組成「SF世紀宇宙之子」。

之所以會想要將可活用於日常溝通中的「搞笑技巧」傳授給一般大眾，是因爲認爲**不論任何人，只要有搞笑的基本功，談話氣氛和給人的印象都會馬上變好**。

當然每個人能夠成長的幅度不同，但一定能夠改善溝通能力和人際關係。在此就將此一技巧統稱爲「趣味說話術」，藉由撰文出版來推廣給更多人。

- **即使是初次見面，也能融洽交談**
- **在聚餐時想要逗大家開心**
- **希望在朋友或戀人心目中是個「風趣的人」**
- **自己說話的時候，希望能受到關注、引起大家興趣**
- **工作上的溝通，也希望能藉由笑點讓氣氛熱絡**

對於有上述需求的人，我可以大膽斷言：**這些目標都靠這本書就可以實現**。你會比現在變得更有趣一點、跟任何人說話都很融洽、身邊的人會覺得「跟你在一起很開心」。這是你讀完本書可以達到的目標。

請用這本書養成「有趣的說話方式」，改變人生。

目錄

第1章

跟任何人都可以聊個不停
「風趣的人」都這樣說

第2章

不善言詞也能不冷場、受歡迎！

察言觀色的極致「反應」

第3章

談話的最強武器!!

「吐槽」的方法

第4章

藝人其實不想外傳的「不冷場搞笑」秘笈

第5章

了解適合自己的搞笑法！
搞笑類型診斷

後記

235

第1章

跟任何人都可以聊個不停
「風趣的人」都這樣說

愈是「沒有內容的話題」愈能搞好人際關係

讓你的談話無法熱烈的理由竟然是這個?!

・無法和第一次見面的人聊天
・在工作場合談話氣氛總是不夠熱烈
・得不到前輩的關愛
・和朋友聊天不夠盡興
・和心儀的那個人無法縮短距離

會翻閱本書的人，大概很多都有上述的困擾吧。

也就是**聊不久**、**聊不嗨**的煩惱。

尤其很多人是在面對特定對象或場合時，沒辦法炒熱場子——「為什麼那個人講話這麼會帶動氣氛？」「只有在公司說話會很卡」「不擅長面對陌生人」等。

面對這種狀況，很多書上提供的解決方案就是「仔細傾聽」「找出共通點」「反應誇張一點」。

當然，這些聆聽和反應方式很重要。但是，在這之前還有一件最重要的事。

那就是**降低對話的門檻**。

面對特定的對象或情境之下，談話內容總是很乾，理由非常簡單。

因為你覺得跟那個人、在那個場合下，**「只能談有內容的話」**。

在談話時很多人都會找可以互相拋接球的話題，試著從「最近還好嗎？」「有沒有什麼好玩的事情啊？」「最近怎麼樣啊？」這類看起來可以活絡談話的主題開始下手。

但是這麼做卻拉高了對話的門檻，創造出很難聊天的氛圍。

愈是想要找有內容的話題來達到溝通的目的，對方就愈會感到「一定要言之有物」，而開始選擇說話的內容。

彼此都是處於劍拔弩張的緊張狀態，拉高了「談話的門檻」。

「很好聊」的人，會積極穿插沒有內容的對話

會讓人覺得「這個人很好聊」「跟他說話很開心」的聊天高手，**會積極的在談話中穿插一些沒有太大意義、無關緊要的話題。**

・總覺得今天皮膚乾乾的。
・你看！這裡的收訊竟然只有一格。
・你看有貓咪耶！

這些沒什麼內容的發言，可以大幅降低會話的心理門檻，讓對方容易搭話。

仔細想想，會自然聊開來的好朋友、容易攀談的前輩、相處輕鬆自在的戀人，不就都是講很多沒有意義的話？

事實上這正是會話門檻降低的理想狀態——**是否穿插沒有內容的話題**。

此一簡單的差異，就是「好聊的人」和「不好聊的人」的分界線。

老實說，藝人也是爲了要降低談話的門檻，而刻意的說些五四三。

例如平成NOBUSHIKO的吉村，就深受其他藝人好評：「跟吉村在一起很好表演。」

其中一個理由，我想就是因爲吉村會降低說話門檻。

吉村經常在節目一開始大聲嚷嚷一些有的沒的，不過卻因此降低了談話的門檻，讓其他人更容易開口。

相反的，如果一開始就想要說得有趣又精彩，就會營造出「不言之有物就不能開口」的氣氛，門檻拉高後就很難暢所欲言。

我熟識的電視製作人曾說，在會議或節目裡「說些無聊的話是絕對必要的」。就是因爲有人說出「完成度10分」話，其他人才會慢慢說出「20分、30分」的話，促進談話氣氛活絡。

談話中「沒有內容的話題」，可以一下子讓氣氛熱烈起來。

尤其是談話開頭時有意識的說些沒有內容的話，可以打破心理屏障，就連面對以往無法順暢開口的人，應該就能聊開來。此外，也可以運用於LINE或WeChat、會議等場合，很容易就可以帶動談話氣氛。

首先就在談話中積極地說些無關緊要、沒有內容的話題吧。就從這個地方開始試試看吧。

好聊的人
今天好熱喔～
對啊！
要不要去吃冰～
好啊！
穿插一些沒有內容的話語
不好聊的人
今天是從哪裡過來的？
我從涉谷來。
是喔。那您從事什麼工作。
醫療相關工作。
只說言之有物的話題

找關鍵字接話，談話可以更順暢

熱絡的談話是靠「關鍵字」串聯

要讓談話氣氛熱烈，**有意識的以關鍵字、主題串聯**也很重要。

基本上談話是不斷流動的。

因爲某人說了「興趣」的話題，所以自己也聊興趣。「學生時代」的話頭一旦出現，接下來就會開始往此方向奔去。這是談話的基本形式。

很多日本綜藝節目、談話性節目在訂定主題後，接下來就是在流程中依序發言。

《跳舞吧！秋刀魚御殿》可算是這類節目的最佳典型。將符合主題的人聚集起來，然後依序發言，主持人明石家秋刀魚再穿插嘲諷、吐槽、裝傻串場。一旦選定主題，即便不是「說話高手」也能輕鬆發言，談話的氣氛容易炒熱。

而完全相反類型的節目就是《人志松本的不冷場抖包秀》。光是節目名稱「不冷場抖包秀」就把門檻拉得老高，而且每個段落都是以「接下來是〇〇！」來開場，所以必須在更高標準的狀態下說話。

這就是爲什麼節目來賓的說話內容完成度一定很高，每個對談之間都像說相聲一樣有趣。

但是一般人說話時不需要有如此的「高門檻」，應該是參考《跳舞吧！秋刀魚御殿》一樣，有意識的去串聯話題。

「以前我曾經生意失敗，一場糊塗超慘的。」

「好辛苦喔！不過說到失敗的經驗，之前我在十字路口跌了個狗吃屎。」

「參酌市場資料來看，我認為A案比較好。」

「原來如此。說到資料，從這份資料可以看到有這種趨勢……」

可以從前一個人的談話內容中抓到關鍵字，然後串接到自己要說的話。

從對方話語中的關鍵字接續下來，更加自然流暢，不用拉高門檻也可以有話頭。

以「對方的話50%、找關鍵字50%」的方式來聆聽

刻意的從談話中找主題關鍵字，對於「不擅長接話」「總是插不上話」的人來說，效果立竿見影。

此類型的人請在**聆聽他人說話時，有意識的去抓關鍵字、主題**。以比例來說，就是把自己的注意力一半放在對方所說的話上，另一半則是用來「找關鍵字」。

找到自己可以接話的關鍵字或話題後，就用100%的專注力來聽對方說話。等對

方說完之後，要確實地給予回應，然後轉場「說到○○」再開始聊自己的事。

如果找不到關鍵字，那還有一招，就是**「擴大尋找更大的主題」**。例如某人聊到「在電車看到很可怕的人」，如果腦袋裡搜尋不到有關「電車」的小故事，那就用**「說到交通工具，之前我坐公車的時候……」**，或是「提到可怕的事情，我之前也有遇過……」。

再舉其他例子，如果要說「在電車裡遇見可怕的人」，也可以把話題範圍拉大「可怕的事」「不可能發生的經驗」，用**「說到可怕的事，我上次啊……」**這樣的話連接。

重要的不是「自己開始說話」，而是「延續某人的話題」。而能夠達到此一目的，找到關鍵字、主題至關重要。

順道一提，《人志松本的不冷場抖包秀》的常態性來賓千原二世是個接話天才。千原二世主持的談話性節目《雙載!!》中，就經常使用關鍵字連接話題的技巧。

節目固定的演出形式是開場讓小林劍道聊聊最近發生的事，千原二世再順著相關話題接話。

例如小林說了一段「按摩的時候竟然說夢話叫了一聲『老師！』，有夠糗的。」千原二世接到球之後，就順著以「不經意時脫口而出的一句話」爲主題來串接，披露了「臨時碰到大牌演員時說的一句話」小故事，讓大家哄堂大笑。

這種利用關鍵字接話的方式很簡單，在場的人也不會有違和感，會很自然的繼續聆聽。

但如果只是草率不耐煩的聽對方說話，然後自己緊接著說，會讓人覺得「這傢伙只顧自己」。所以首先要好好聆聽對方，並確實做出反應之後再繼續接話。

利用談話的「三種神器」引人入勝

「說話三神器」牢牢抓住對方的心

- 自己說話的時候，對方只有回應「喔～」，沒有太大回響
- 說了自己覺得很有趣的體驗，大家卻不感興趣
- 被拱著「說些有趣的事」，場面卻冷到尷尬

很多人都有上述的經驗吧。

一流的藝人爲什麼可以把自己的體驗講得如此趣味橫生？爆笑的遭遇、驚嚇的小故事、恐怖的經歷……從他們的口中說出來，任何話題都讓人忍不住聽到入神。

理由就在於「說話方式」。

說話是否能打動人心，在內容相同的狀況下，「說話方式」就更形重要。

首先重要的是要在說話中融入**「狀聲詞」「比較」「自己的心情」**。

有意識的善用**說話的「三種神器」**，聽眾馬上會集中注意力，對你說話的印象大爲改觀。

接下來就一一詳細說明。

「狀聲詞」的本質，讓說話臨場感增加三倍

藝人經常使用的說話技巧之一就是「狀聲詞」。

他們在說話的時候會利用簡單的狀聲詞帶出臨場感，多一道功夫讓聽眾容易想

像當下的狀況。

我以下面的談話作爲範例。

之前我在路旁等人的時候，對向開來一輛車。

那輛車突然在我眼前停下來。

然後車窗降了下來，司機說了一句：

「這輛車我上個禮拜才買的喔！」

然後就開走了耶。

這樣當然也可以傳達整個狀況，以及這個小故事要呈現的驚嚇感和趣味性。

但是有點可惜。

如果加上狀聲詞增加說話時的臨場感，會更加有趣。

之前我在路邊等人的時候，對向**轟的一聲**開來一輛車。
那輛車在我眼前**唧的**停了下來。
車窗**咻的**打開，司機說了一句：
「這輛車我上個禮拜才買的喔！」
然後又**噗的**開走了耶。

如何？只是加入狀聲詞就增添了臨場感，感覺更有趣了吧？
而且此處使用的狀聲詞是「車子轟」「煞車唧」「窗戶咻」而已。這種程度的狀聲詞，任何人都可以想像出來，不難融入話題。
實際上你可以聽聽 YouTube、藝人的自由談話中，會注意到他們都不露聲色地使用狀聲詞。
順道一提，任何話題中都可以輕鬆使用的狀聲詞就是「**哇啊啊啊！**」。

包含著朝什麼目標前進的聲音和心情的聲音，光是這一個字就可以表現很多狀況。

還有**「啪！」**也是很好用的狀聲詞。

例如**「我跟外遇對象約會的時候，怎麼聽到一個熟悉聲音，不經意回頭一看，沒想到自己的女友也跟別人在一起。」**這種吃驚的話題，只要把「啪！」加進去，整段話就更有趣了。

我跟外遇對象約會的時候，怎麼聽到一個熟悉聲音，**「啪！」**的回頭一看，沒想到自己的女友也跟別人在一起。

加入「啪！」之後，整個場景更加歷歷在目，也提高了後面那句話的張力，趣味性更高。稍稍加入狀聲詞的元素，瞬間就把話題給收緊變得有趣。

如果狀聲詞再加上肢體語言，臨場感就更上一層樓。

「車子轟的開過來」「窗戶咻的打開」這樣的形容，再加上一點肢體動作，就會讓人更好想像、感到更有趣。

你可以想像是用手掌和手指表演手偶劇的樣子。

不常使用姿勢或手勢的人，可以用《桃太郎》故事來練習。爺爺到山裡去砍柴的場景、奶奶到河邊去洗衣服的場景、河邊飄來一顆大桃子的場景，都是可以作爲姿勢和手勢的最佳練習。

「和普通比較」突顯話題的特殊性

與「狀聲詞」並列、能讓話題有趣的要素就是**「比較」**。

這邊所說的比較是指**「一般的話是○○」**，與「普通」相較。在聊「朋友莫名其妙的行爲舉止」「遭遇不可理喻的狀況」「恐怖至極的體驗」「驚異的小故事」等時，爲了突顯話題的特殊性而使用。

就來看看如何運用在剛剛的車子小故事裡。

之前我在路邊等人的時候，對向轟的一聲開來一輛車。
那輛車在我眼前唧的停了下來，車窗咻的打開。
一般認為應該是「可以跟你問一下路嗎」？
沒想到司機說了一句「這輛車我上個禮拜才買的喔！」
然後又噗的開走了。

像這樣和「普通」比較，更加突顯那個司機的行爲有多怪異。

- 一般來說不是會〇〇嗎？
- 如果是平常人應該會說〇〇吧？
- 大概都會認為是〇〇吧？

相較於「普通」的狀況，可以突出話題的特殊性或趣味性，更加吸引聽眾的興趣。

「自己的心情」讓話題更有趣

打動人心的第三招就是**加入「自己的感想或心情」**。

談話的時候，很多人都是以「敘述」爲主。

但是**光只有敘述，話題聽起來會很單調無聊**。就像看小說，因爲將自己的感情和心情融入其中，才會饒富興味地讀下去。

想要談話變得有趣也可如法炮製，將自己那時候的感想與心情用語言表達出來。

之前我在路邊等人的時候，對向轟的一聲開來一輛車。

那個時候我只是覺得「喔～有一輛車開過來了」。

那輛車在我眼前唧的停了下來，車窗咻的打開。

正想著「咦？怎麼回事?!」

一般不是會覺得應該是：「可以跟你問一下路嗎？」

沒想到司機說了一句：「這輛車我上個禮拜才買的喔！」

然後又噗的開走了耶。

干我屁事啦！

如此把自己的心情、感想，還有那時候的想法加到話題中，馬上就能引人入勝。以日本藝人來說，小藪千豐算是箇中佼佼者。

例如小藪最有名的軼事「吉本新喜劇的龍叔」。那是小藪在媽媽過世的隔天，跟新喜劇的前輩龍叔說了這件事，結果對方回「最近我的貓也死掉了」。

然後小藪把**「啊？這傢伙是認真的嗎？」「再怎麼說也不能把自己養的貓跟別人的媽媽相提並論吧？」「這傢伙太扯了！」**等對於前輩無法理解的心情加到所說的話語裡，埋入笑點。

選擇適合自己的技巧

前面說明了「狀聲詞」「比較」「自己的心情」的重要性，但並不是要大家全部照單全收、照本宣科。

有人說話加入狀聲詞後會身歷其境，也有人會覺得很惱人。有人加入比較後可以突顯，也有人反而會變得很尷尬。

本書全部的技巧都可以使用，但**重要的是找到「適合自己的」**。如果試用之後效果不佳，那就只要採用自己慣用的技巧就好，沒有所謂的標準答案。請好好探尋適合自己的「趣味說話術」。

10

會做效果的人「開場緩、聲調低」

好笑的話不會一開始就飆速

在我當藝人的時期，在業界以八面玲瓏著稱的經紀人，給了我永生難忘的建議。

他告訴我：**開場說話節奏要慢，聲調要低**。

「一開始以低音、慢速開場，等話題氣氛炒熱的時候，說話速度要變快，音量和聲調都要提高。」

他不厭其煩說了很多次。

在《人志松本的不冷場抖包秀》中，實力愈強的藝人愈不會一開始說話就情緒高昂，而是壓低聲調慢慢講。

想著「要有笑點」「要讓對方嚇一跳」等，往往就會聲調上揚，節奏突然變得很快。

例如想要說「昨天看到的電視節目很好笑」，有人就會一開始就情緒很嗨，「昨天那個超搞笑的！」然後一股腦的喋喋不休。

但是這樣旁邊的人根本跟不上話題，只能發愣。只有自己很嗨，其他人卻氣氛很冷。一定有很多人碰過這種狀況吧！

沒什麼經驗的年輕藝人，經常會落入這種窘境。想要把效果拉滿，所以在開口的那一剎那就把情緒提到最高點，然後快速滔滔不絕。

經常會看見這種人，但是這只會營造「接下來要說的事情很有趣！」「我很努力！」的氣氛，門檻一下被拉得很高，簡直就是掐住自己的脖子。

開場慢慢說，才能終場致勝

順帶一提，「開場緩、聲調低」不僅限於說笑話。

以前就有人問我：「面試時都講得不順，該怎麼辦才好？」

我給對方的建議是「試著壓低聲調，開場時慢慢說」。急著想要展現自己的優點，愈是容易情緒高漲、說話速度加快。

但是相較於這種浮浮躁躁的人，說話沉穩的人看起來「工作能力比較好」，更容易受到關注，說話的內容也更能正確的傳達。

像是演講、簡報、開會等需要發言的場合，如果都能注意到這一點，說話會更受歡迎，也會有好的成效。

不光是「講話」，行為舉止也一樣。尤其是剛開場的時候，包含姿勢和手勢都要營造出從容不迫的氛圍。

動作沉穩，你說話的節奏和聲調也會緩下來，可以消除在眾人面前的緊張情緒。

10

風趣的人會「抖包袱」

搞笑最基本的「抖包袱」是什麼？

想要在談話中說笑，希望大家要注意到「**抖包袱**」。

所謂的「抖包袱」，簡而言之就是「**前面醞釀鋪墊，最後再說出反差**」，藉此產生笑點。例如下面這段對話。

「**剛剛發生了一件不得了的大事。**」

「啊？怎麼了？」

「我右眼的隱形眼鏡掉了。」

「你很無聊耶！」

這裡所說的「大事」是鋪墊，然後用「隱形眼鏡掉了」來個回馬槍。本來單純只是「隱形眼鏡掉了」，但是加上鋪墊的效果就變得很有效。

日常生活中，還有很多藉由抖包袱變有趣的場景。

例如在學校全體集會的時候，準備走上講台的老師跌了一跤。

這個時候不論是誰跌倒都有點好笑，如果是平常很嚴肅的老師跌倒，就更加好笑。

「平常很嚴肅」的人物設定本身就是鋪墊，「這樣的老師還會出包」的反差就更大。

日本搞笑藝人出川哲郎還有鴕鳥俱樂部的上島經常表演的泡湯場景就是一絕。

「不要壓！不要壓！」是鋪墊，實際上卻被壓下去就是反差。

抖包袱實例

鋪墊 看看我原創的搞笑招式。
↓
反差 Gets!（根本不是原創）

鋪墊 昨天我吃了大餐喔！
↓
反差 是牛丼加蛋（根本不是大餐）

鋪墊 我對藝人的事瞭若指掌。
↓
反差 誰是本田翼啊？（根本都不了解）

譯註：Gets!是諧星丹迪坂野的招牌動作。

藉由鋪墊營造，然後再創造反差，這是搞笑的基本功。

鋪墊和反差之間的落差愈大，說話的趣味性就會愈高。

只要加入鋪墊，就能變得更風趣

將抖包袱加入談話中，離風趣的人就更近一步。

在藝人之中，小林劍道在抖包袱方面算是翹楚。

先以**「我想大家都知道……」**來鋪墊，然後再說出很冷門的專業摔角話題；或是**「只要是辣的食物，不管多少我都吃得下！」**但實際上卻是一口也不碰，利用反差來逗樂大家。看起來是自由奔放的表演風格，卻是切中基本的搞笑手法。

以前曾有年輕的男性請我教他抖包袱的技巧，運用在約會時相談甚歡，他非常開心。

例如約會時聊到「喜歡的電影」。

「是一部沒有什麼知名度的電影……」

「是嗎？哪一部？」

「你知道《鐵達尼號》嗎？」

這種說話方式讓對方接受度很高，營造出可以輕鬆說話的氣氛。

在進行鋪墊的時候，要從反差的部分來「逆向思考」。

例如「我非常懂足球！……守門員是什麼意思啊？」（懂⇔不懂）「我最討厭

義大利麵了～（轉頭跟服務生說）不好意思，請給我一份香蒜辣椒義大利麵。」（討厭⇕喜歡），從反差的部分逆向思考來做鋪墊。

手法很簡單，試試看「鋪墊、反差」，就會讓別人認爲「你這個人很風趣」。

10

笑得出來的自嘲、笑不出來的自嘲

風趣的人擅長「自我嘲諷」

最近常常會聽到自抬身價的說話方式，藉此展現「我比你優秀」「我知識淵博」「我有經驗」「我有錢」。

例如以下很誇張的自抬身價說話方式，是不是經常遇到？

「上個星期我去吃了松阪牛牛排喔！」

「我上個月也去吃一百公克要價八千日圓的熟成牛排，味道棒呆了。」

跟這種動不動就要自抬身價比拚的人講話，一點也不好玩，氣氛也會變差。

搞笑的基本就是要會「自我嘲諷」。

總之就是要貶低自己，把自己往下拉。自抬身價是「爭上位」，而**搞笑則是「爭下位」**。去找尋輸人家的地方，這是搞笑的基本。

拿剛剛的例子來說，說話風趣、受人喜愛的人會這樣回話。

「上個星期我吃了松阪牛牛排喔！」

「哇！這麼棒！我昨天的晚餐是吃啥……兩片口香糖？你真是貴婦耶～」

如此往下再往下。

也就是所謂的**「自嘲」**。這也是讓說話變得有趣的重點之一。

事實上這是搞笑業界理所當然的傳統。

當搞笑業界第七代受到矚目的時候，相當於第六代的藝人們，也是把自己沒有受到禮遇、工作沒有著落當作搞笑的段子。

這種用自我嘲諷來找笑點，正是典型的例子。

「金錢」和「戀愛」也容易拿來自嘲

那麼要如何貶低自己？

最簡單的是「笑得出來的自嘲」，就是經濟層面的自嘲。

像「薪資」「用品」「飲食」「住處」等，經濟層面上的優劣很容易理解，是很適合拿來自我嘲諷的素材。

「上個星期我領到獎金了，今年拿到三位數呢！」

「哇～我也領到四位數喔！就是……九千圓！」

「不會吧！這麼少!!」

此外，**「戀愛」和「有沒有異性緣」也是容易拿來自我嘲諷的領域。**

「我一天就收到二十個情人節巧克力喔！」

「真假？我這輩子一個都沒收到。連以前女老師給全班同學的抽屜裡都塞了巧克力，結果不知道為什麼竟然跳過我。」

明石家秋刀魚每次碰到「感情好的夫婦」這種話題，就會拿他和前妻關係如何冷淡來當笑點。

順道一提，自我嘲諷是要「拿對方當鋪墊，自己製造反差」的抖包袱機制。接收對方說得好的部分，然後以自我嘲諷來製造笑點，也是活用抖包袱這招搞笑的基本功。

但是過度拿對方當鋪墊，可能會引發不快。

是不是有些人不管跟他聊什麼，他都會自我嘲諷？

這種自嘲過度也會惹人厭，所以要注意不要搞過頭。

留意「笑不出來的自嘲」

經濟層面和戀愛之外，也有「笑不出來的自嘲」。

近來與**「外貌」**相關的自嘲，基本上是不被認同的。

以前還會有人拿來當笑點，但是現在已經轉變爲「這個可以笑嗎？」的微妙氣氛。

- 我長得很醜吧？所以才會都沒有男朋友。
- **上次電梯超重時警鈴大作，大家竟然都往我這邊看。討厭，雖然我真的是個胖子！**

這種與外貌相關的自嘲，根據聽眾或當下情況、話題的走向有可能被接受，也有可能會變成「笑不出來的自嘲」。

還有**「暴力」「霸凌」**等**也是「笑不出來的自嘲」**。

例如自己家裡「以前很窮」的話題，被接受的可能性很高，但是大家聽到「被爸爸家暴」的話題根本不知道該不該笑。與其說笑，更多的應該是擔心吧。

被霸凌的經驗也是一樣，或許本人已經釋懷當成笑話，但是其他人可不一定也會這樣想。

「自我嘲諷」是搞笑的基本功，但是要留意不要流於「笑不出來的自嘲」。

10

受大家喜愛的機靈「話題拋接法」

最差勁的話題拋接法——你是不是有這樣做過？

活絡談話氣氛，讓人際關係升溫，**「話題拋接方法」**也很重要。

不管話題多有趣，如果讓別人覺得「都是那傢伙在講」「我自己都講不到話」「聽得好累」，那就只是個人自嗨而已。

要輪流讓大家都成爲主角來說話，也應該要意識到需要巧妙的「拋接話題」。

如果你是個會察言觀色的人，發現都是自己在講話的時候，就要把話題拋給對方；看到沒什麼機會說話的人，就要把球傳過去。

但只是把話題拋過去並不好。**「拋接方式」不同，好不好聊和會不會冷場的結果截然不同**。

例如把話題拋給某人時，經常會看到這種模式。

・最近有沒有什麼好玩的事啊？
・最近過得如何啊？

這種很粗糙的拋接方式，讓人根本不知道該怎麼接話才好。

在年輕藝人表演時，However 聲腳的主持人突然丟了「那麼，芝山最近過得如何啊？」之類的話題過來，突然被這麼一問都不知道該講些什麼，真的很頭痛。

把話題丟給對方是要先決定主題

要把話題丟給對方時，重要的是要先決定主題。例如在聊家人的話題時，可以把題目限縮如下。

○○先生最近**家人**有沒有什麼趣事？

接到話題的人，就可以從「家人」的主題來發想。

「最近收到我媽傳了很奇怪的LINE」「聊一下以前兄弟吵架的事情好了」「之前我朋友跟我說了他爸爸一件很離譜的事」……應該可以在腦袋裡找到好幾個像這樣的小故事。

所謂的「拋接話題」，說穿了就是「請對方在腦袋裡找小故事」。正因爲如此，所以「要丟給對方容易找的主題」更形重要。

在這層意義上，過於精確的主題並不適宜。

例如談到不倫的話題，如果問對方「○○先生公司也有人在搞不倫嗎？」對方有可能完全接不下話。

這種時候應該是丟給對方「○○先生周遭也有花心、不倫之類的戀愛故事嗎？」

之類比較大範圍的主題，讓他容易找題材。

拋接「絕對有哏的話題」時之注意事項

要把話題拋接給某位「絕對有哏」的人，有幾點要注意。對於有笑點的朋友或同事，下述的方式並不好。例如：

〇〇先生！說點好笑的事情來聽吧！

加入了「好笑的事情」這幾個字，馬上就把門檻拉高了。

這時候就要用藝人經常使用的**「下標題式」**說法。

- 芝山先生，說一下**你媽媽那個 LINE** 的事情。
- 說一下之前你講到**聚餐時出糗的那個傢伙**吧！

像這樣下了標題，不但降低了門檻，而且還能吸引大家的注意，是非常推薦的方式。但是注意不要破哏。

芝山，你說一下你媽自己做了 LINE 頭貼的事情。

這種破哏的下標題方式，很難炒熱氣氛。

還有不要一邊笑一邊拋接話。

芝山（哈哈）、說一下你媽媽那個 LINE 的事情（哈哈哈）。

對於已經聽過的小故事，一不小心就在拋接話的時候邊笑邊講，這樣子無異於跟大家宣告「接下來這個人要說的話會很好笑～」一樣，門檻瞬間被拉得老高。

絕對有哏的拋接話，更要用普通的步調、尋常的聲調，不著痕跡的拋接。

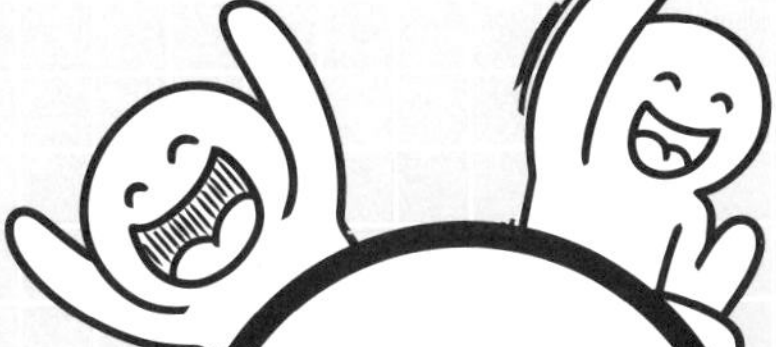

第2章

察言觀色的極致「反應」

不善言詞也能不冷場、受歡迎！

10

讓對話氣氛熱烈的五個良好反應

受歡迎的人很會做反應

風趣的人即便自己沒有說話，也能讓談話氣氛熱烈。好的反應可以更突顯對方的趣味性，意料之外的一句回話，能炒熱場子。

反應、**回話得當的人會深受大家喜愛**。因爲跟有好反應的人說話很有趣，氣氛也很好。

我們來看看下面的對話。

「剛剛為了要去店裡，所以搭了電車。」

「嗯嗯」（明顯的附和對方）

「突然有一個大叔跟我攀談。」

「大叔？」（複誦）

「對啊！然後竟然跟我說『嫁給我好不好』。」

「什麼!!好可怕！」（過度反應）

「就是說啊（笑）。我嚇到還沒到站就提前下車了。」

「要是我也會下車（笑）。」（共鳴）

如何？你應該可以想像得到，只要有良好的反應，對方能說得開心，氣氛也會很熱絡。好的反應，是談話中最佳的畫龍點睛。

電視或 YouTube 中藝人們談話的場面之所以熱烈，聽眾的反應也有很大的貢獻。好的反應能讓話題有趣程度增加三～四倍。

那麼，什麼是好的反應？

在此介紹**五種代表性的反應**。藝人們在炒熱談話氣氛的時候也會使用。這些都是對平常談話也有幫助的招式，請務必記下來。

良好反應的秘訣① 明顯的附和

首先基本的招式是**「附和要明顯易懂」**。

「嗯嗯」「原來如此」之類明顯易懂的反應，更能給予對方「有好好在聽」的安心感。

雖然是基本招式，但很多人其實都做不到。比平常更有意識，更明顯易懂的給予附和，對方對你的印象馬上就會變好。

而在附和的時候，**配合對方的說話節奏也很重要**。有時候有人會用插嘴的方式附和，這樣反而會讓人覺得沒有仔細在聆聽。

注意附和時要讓對方可以在心情愉悅的狀況下說話，也要配合其說話速度。

良好反應的秘訣② 略為過度反應地表達情緒

將自己的情緒以略爲過度反應的方式表達，可以讓對話瞬間氣氛熱烈起來。

例如覺得「很可怕」，可以稍微誇張一點的說**「啊啊啊啊～好恐怖!!」**；感覺「好像很痛」可以說**「好痛好痛好痛！」**

藝人也很常使用這種手法，能營造出融入話題的感覺，讓對方更能敞開心胸地聊，談話氣氛也就更好了。再加上表情就更棒了。

「如果有人敢跟我搭訕，我就要這樣瞪他。」

「哇啊啊啊！好可怕喔～！」

「有人還會用高跟鞋給他踩下去呢！」

「痛痛痛痛！」（好痛的表情）

良好反應的秘訣③ 傳達共鳴

了解對方說話的意圖，並傳達共鳴。

如果能做到這一點，離受歡迎的好聽眾更近一步了。

例如以下的共鳴方式。

「之前在社長面前非常華麗的跌了個狗吃屎（笑）。」

「哇～這也太慘（笑）！」

「我很不能接受店員在那邊跟我稱兄道弟。」

「我懂我懂，總覺得很沒禮貌，討厭耶。」

「……這樣真的讓我很焦躁耶！」

「的確會讓人理智斷線（笑）。」

像這樣加入**「共鳴的附和」**，說話的人會覺得「這個人有了解我」「想再多說一點」，就會對你有好感。

如果能找到和對方共鳴的點，請積極的展現出來。

良好反應秘訣④　利用「複誦」突顯談話的重點

聽別人說話的時候，**做出能突顯談話重點的反應**也很重要。

最具代表性的就是千鳥的阿信，他經常使用**「複誦」**這一招。

千鳥有一齣慢才劇碼〈壽司屋〉。劇情是阿信來到大悟所開的壽司店，竟然只有「雙髻鯊」「午餐肉」「提燈鮟鱇魚」之類怪奇食材的壽司。

在這齣漫才中，不斷重複下列的對答。

大悟：「請用，這是午餐肉。」

阿信：「午餐肉?!」

大悟：「請用，這是烏賊兩貫（前面都是奇特的食材，卻突然出現常見的普通食材）。」

阿信：「**烏賊兩貫?!**」

利用這個方式，誇張的重複有違和感的趣味關鍵字，增加笑點。

如果對方的談話中有「趣味笑點」，請抓出那個詞彙複誦一次。只要這樣做就可以突顯對方話題中的趣味之處，讓氣氛更加熱烈。舉個例子來說，日常的會話中也可以如下使用。

「前陣子我開始養鬣蜥。」

「鬣蜥?!」

「對啊！鬣蜥（笑）。超級可愛的。」

「不好意思，請給我特大炸薯條三份。」

「三份?!你一個人要吃三份特大薯條?」

雖然是簡單的技巧，但是旁人聽到了也會感到有趣，說話的人也會講得開心。

良好反應秘訣⑤　製造話題尾聲的「餘韻」

意外的是很多人都會忽略「話題尾聲」。

對方話題結束後，**製造出「深受感動」「太有趣了」的餘韻**是很重要的。

如果對方最後一句話才剛講完，你馬上就無縫接軌的開始接話「原來如此！說起來我之前也……」，對方會覺得「我說的事情原來一點也不有趣啊……」。不要立即切換話題，要做出內心深受感動的反應。

・原來如此～意義深遠呢！

・哇～真的好棒喔！

・真有你的，實在太好笑了～

在話題結束後製造餘韻，能讓說話的人滿意度大幅提高。讓對方想要「想再多說一點」，整個談話的氣氛也就更熱烈了，對方應該也會因此願意再多聽你說一些。

創造讓對方更開心的「強力感想」

「什麼感受」比「想怎麼做」更能打動對方

做反應時經常會遇到的問題，就是要如何**表達自己的「感想」**。

例如朋友跟你說「上回我把老媽搞錯成女朋友，用LINE誤傳『愛你呦』給她。」

在聽這類趣事的時候，該怎麼反應有時候反而很難。

「哇！好害羞喔！」算是有點普通，無法突顯對方「難爲情、害臊」的重點。

那該如何回應呢？

哇~如果是我，大概三年都不好意思回老家了！

像這樣做出結論表達「（覺得太難爲情）自己會怎麼做？」，聽起來就是能讓說話的人滿意度更高的強力感想。

也就是說，**結論的感想要表達到行動層面**。

這也適用於別人推薦電影、美食，或是收到禮物的時候。

與其只是說「很有意思！」「很好吃！」「很高興！」，還不如說**「想再去看一次！」「我也會想推薦給別人。」「（禮物）真的讓我愛不釋手！」**，表達出「我想怎麼做」的方式，更能打動人心。

讓平凡無奇的感想華麗變身的「加分的一句話」

被推薦之後想表達感想之際，建議大家**在通俗的說詞中再多加一句話**。

例如去看了前輩推薦的電影：

「這是**上半年最好笑**的一部。」

有了如此高評價，對方一定會很開心。

在原本「很好笑」的尋常感想中，再多加一句話就成爲能觸動人心的說法。

這一招藝人也會經常使用，對於出糗的人說**「人生中最被冷眼以待的一刻」**、對於說了冷笑話的人講**「這是本節目有史以來最無聊的一句話」**等，利用獨特的措辭說出讓人印象深刻的感想。

順道一提，這並不侷限於做出好評的時候。

想表達「很難吃」「很無聊」之類惡評也可以使用。

・這個是**今年最**難吃的東西。

・這是**地球有史以來最**不好笑的笑話吧。

像這些有點難開口的評論，加上一點趣味性，對方也比較能夠接受。要說差評的時候，比起單純只說「好難吃」「很難笑」來得好，也會有笑點。

讓感想更有利的「加分的一句話」範例

上半年（下半年）最～／二〇二二年（當年度）最佳～／今年首見～／涉谷區（地區）最～／地球上最～／〇〇史上最～／人生最～／〇〇（名人）也會吃驚～／地球有史以來最～

10

「對方耍寶時」的五種高明回應

等人時看到前輩戴著爆炸頭假髮而來，應該做何反應？

以前有個年輕的上班族找我討論。

我在公司大門等前輩的時候，突然看到他戴著爆炸頭假髮現身，跟我說「久等了~」。面對這麼唐突的耍寶行為，我很頭痛，不知要如何回應。

這種時候，該怎麼反應才好？

突如其來的耍寶行爲，讓人很困擾該如何回應。

或許大家都碰過這種狀況。尤其對方還是上司或前輩，更不知道該怎麼應對。

這個時候如果回說：**「一點也不有趣耶」「有夠冷耶」**，那必然會惹毛對方。

最糟的是完全不做回應。不反應場面會變得很僵，氣氛完全冷掉，這對想搞笑的人來說眞是最殘忍的狀況。

遭受這種對待，不免會感到「這傢伙好冷漠」「這個人很無趣」，彼此之間的關係可能會搞砸。

反過來說，如果能高明回應，對方也會覺得自己耍寶值得了，也會對你有好感。

對方耍寶時的「五個」回應方式

在此就要來聊聊對方耍寶時，要如何高明的回應。

回應方式其實很簡單。

從下述的**「對方耍寶時的五個回應方式」**中，根據自己和對方的個性及狀況，擇一使用即可。

①跟著耍寶
②裝傻
③吐槽
④老實說「不知道該怎麼辦」
⑤向身邊的人求助

當對方耍寶的時候，一般大概會認爲「要吐槽」。

但是吐槽與否和自己的個性，以及與對方的關係有很大的關聯。如果自己不是那種會直白說出「你在搞什麼飛機啊」「你好白癡喔」的個性，或是耍寶的對象是前輩或主管，那也很難吐槽。

這類型的人要如何吐槽，在第3章會另行介紹，首先就請先記住這五個回應的方式。從這五個招式中，再根據自己的個性、配合當下的情境選擇最合適的來使用，幾乎就可以萬無一失。

那麼就來一一詳細介紹各個招式。

對方耍寶時的回應① 一起耍寶

最簡單的就是跟著對方一起耍寶。

「因為我很聰明～」

「真的耶，我還以為你是愛迪生轉世的呢！」

「哇！今天天氣真好（明明是傾盆大雨）！」

「真的耶～要不要去野餐啊～」

想要吐槽對方，首先要敢於一起耍寶，也就是所謂的「捧哏」。
將對方耍寶的點更加發揚光大，這是非吐槽個性的人也可以輕鬆使用的技巧。

稀哩嘩啦……
久等了
你好慢喔！
電影已經開演了啦～
對不起、對不起！
話說今天天氣實在有夠好！
對啊！真的好得不得了，我們也別看電影，來去野餐好了～
沒錯—

對方耍寶時的回應② 裝傻

所謂的「裝傻」，就是故意無視對方的耍寶。

如果對方是會吐槽的類型，這種若無其事的反應，反而更能製造出趣味的氣氛。

「因為我是個天才吶~」

「……那個，話說今天天氣還真是好呢！」

像這樣故意無視對方在搞笑（裝傻），製造對方耍寶失敗，讓他可以吐槽「不要無視我！」「喂！」。

這時候不能被認爲純粹是「無視」，而是一定要讓他知道你是「刻意」忽略。

秘訣在於講話要非常矯揉造作，或是說一些明顯毫無相關的話題、製造出一些有弦外之音的空間。

前輩你真的工作能力好強喔～
哪裡哪裡……
對啊，
我就是個天才啊!!
!!
……。
……。
!!
喂！你給我好好吐槽啊！
啊～話說今天天氣真是好啊～

對方耍寶時的回應③　冷場時就嘲諷

如果感受到對方耍寶冷場的時候，也可以加以吐槽。

當有人耍寶了，結果身邊的人卻沒有反應，或是靜靜的露出一絲苦笑，這個時候你可以說以下這幾句話來消遣耍寶的人。

- 剛剛那一段可以再說十遍嗎？
- 今天這段失敗的搞笑，等一下請寫個反省文。
- 哇～現在耍寶的功力退步囉～
- 喔！今天也露兩招囉！

像這樣小小取笑一下耍寶失敗，就會轉化為笑點。和「裝傻」一樣，如果對方是會吐槽的類型，特別有效果。

讓您久等了—
哇！來了來了。
看起來好好吃喔！
……。
唔……？
漢堡排！！
漢堡排大師
今天也露兩招囉！
拍手
喂！

對方耍寶時的回應④　老實說「不知道該怎麼辦」

耍寶的時候經常也會發生驚嚇大過於爆笑，不知道該如何反應的狀況。就像前面提到的「前輩戴爆炸頭假髮」的例子，突然來這麼一招讓人困惑，根本不知道要做何反應吧。此外碰到「拚命式的耍寶（突然跌倒之類）」「有勇無謀的耍寶（吃芥末之類）」的狀況，一定會很困惑吧。

這個時候突然愣住「這……」，耍寶整個大失敗，特地這麼努力卻沒有效果。如果說不出一句機靈的場面話，那就老實說自己「不知道該怎麼反應」「驚嚇大於想笑」也是一個方法。

- 唉呀，我實在不知道該做何反應啦！
- 比起大笑，我更擔心你。
- 我該說什麼才是正確答案啊？

光是這樣坦率的表達自己的想法，也會讓耍寶變得生動，產生笑點。

對方耍寶時的回應⑤　求助於身邊其他人

對方耍寶不知道該如何反應時，向身邊的人求助也是一個方法。尤其是碰到低級笑話這種讓人不知道該如何反應時可以使用。

例如對方耍寶說：「要不要聞我的屁啊？」你該如何回應？

會跟著起鬨的人可能會一起耍寶說：「咦、可以嗎?!謝謝喔！」但若是女性或生性害羞的人，會猶豫該不該也跟著鬧。

這個時候可以像下面一樣，求助於身邊其他人。

・○○你可不可以幫我罵罵他?!
・誰叫這個人住嘴！
・喂～誰幫我叫警察～

像這樣跟身邊其他人求助，也可以巧妙地轉化爲笑點。

當然要用開玩笑的口吻來說，這一點很重要。

耍寶冷場變笑點的一句話

以上就是當對方耍寶時，你可以使用的五種回應方法。

順道一提，自己或是其他人耍寶失敗的時候，記住將失敗變成笑點的一句話非常方便。

例如自己耍寶失敗的時候，下面的一句話就可以轉變爲笑點。

自己耍寶冷場時轉為笑點的一句話

咦？現在是什麼情況？／時間是暫停了嗎？／給我笑一下!!／奇怪，大家還活著吧？／（指著別人）是這傢伙叫我講的／我好像搞砸囉／那個我是不是回家比較好啊？／（指著沒有關係的人）再怎麼想都是我和這個傢伙的錯／莫非大家聽不到我講話？／這是要我講到大家笑為止嗎？／嘿Siri，幫我改變一下氣氛而別人耍寶失敗時，可以用下面一句話轉換。

他人耍寶冷場時轉為笑點的一句話

出口請由此去／你可做得真好！（拍手）／這種狀況沒有保險喔／不道歉行嗎？／你在老家都是用這招騙吃騙喝？／這都是A和B的錯（把毫無關係的人拉進來）／（擁抱）好乖～好乖～加油！明年繼續加油！／好了回家了～／再說個十次應該就會變好笑了！／不要沮喪！這三十秒最有趣！／你的目標年齡是設定幾歲啊？／喂！剛剛時鐘的秒針瞬間停止了！／怎麼辦？要從今天早上起床開始從頭來過嗎？／讓時間倒流吧

這些機智的一句話，就可以讓冷場的搞笑成爲笑點，讓大家覺得「這個人挺風趣的」。

不論是自己或是別人耍寶失敗，請務必試試「冷場變笑點的一句話」。

10

將「消遣」變成笑點的一句話

被消遣時反將一軍！

被別人消遣的時候如何回應，也是可以瞬間展現幽默感的時刻。

被消遣的一方巧妙的回應，會讓消遣及被消遣的人，彼此都很過癮。

那麼該怎麼做呢？秘訣就是**在被消遣的時候要反將一軍**。

消遣別人的時候，一般預想的反應是「否定」「憤怒」。

如果可以反其道而行，那當中產生的落差就會趣味橫生。

被消遣時的反應① 強烈肯定

被消遣的時候，很多人都會不知不覺地加以否定。

正因爲如此，更應該**不要否定、承認事實，並加以強烈肯定**。這樣就會造就出很大的笑點。

我們來看看下面的例子。

「芝山你一個禮拜被女生甩五次吧！」

「是一個禮拜七次喔！」

「芝山你做事很慢耶～太陽都要下山了。」

「不對喔，我都是要做到半夜喔！」

像這樣不去否定被消遣的部分，反過來更加肯定，出乎對方意料之外，就會產生笑點。這就是以衍生的方式，「強烈肯定同時吐槽」的技巧。

是先用「喂！」「蛤?!」「嘿！」「才不是」等用語讓對方以爲是否定，然後再強力肯定的吐槽模式。

「芝山每次都被部長罵（笑）。」

「嘿！不知道是誰被部長罵的時間比工作時間還長呢！」

「你這傢伙很沒有女人緣耶～」

「喂！不知道誰每年情人節都沒收到巧克力喔！」

如果自己有些點經常會被拿來消遣，可以事前想想要如何回擊。

例如經常會被說「身體很差」，你可以先準備**「不是喔……應該已經不是差可以形容囉」「啊?!健康檢查被要求要複檢的人還敢說！」「喂！胃藥不離身的藥罐子還敢說！」**的回應。

這個傢伙～
抓住
好像現在都還會跟老媽一起洗澡喔！
戀母情結
喂！
不只一起洗澡，還會一起睡。
笑
不會吧
這不就更嚴重了。

被消遣時的回應② 轉移焦點

被消遣的時候，去否定對方沒有預料到的部分，也會產生意外的笑點。先前提到的方法是用「肯定」，而另一招則是「以否定的方式來轉移焦點」。

例如被說**「你這傢伙總是拈花惹草」**，一般來說都會回應**「喂！我才沒有！」**加以否定。

使其轉移到對方意料之外的地方加以否定，就會變成下列這樣。

「你這傢伙總是拈花惹草。」

「我才沒有總是！只有星期二和星期三才會！」

對方以「有沒有拈花惹草」來消遣你，而你看起來針對這一點加以否認，但實際上是否定「總是」的部分。

這種轉移焦點的否定法，可以創造出出乎意料的趣味。

例如對方說「你這傢伙眞的是個窮鬼耶」，你回應**「你不要太過分，不要稱呼別人『這個傢伙』！」**被說「你長得像猩猩。」就矯正他的發音**「喂！不是欣欣，是猩－猩－」**。也可以這樣回應。

你這傢伙喔－
嗯？
臉長得像ㄒㄧˋㄤ蕉
啊？
不對喔……
不是ㄒㄧˋㄤ蕉，是ㄒㄧㄤ－蕉－。
你沒學過喔？
不要糾正我的發音！

順道一提，「將焦點轉移到對方意料之外之處」的技巧，也可以用於消遣別人

的時候。

例如朋友穿了新衣服，問你「你看看適合我嗎？」。一般思考模式的反應是「那件衣服適合你、不適合你」。

如果回說**「喔！很適合你喔！我是說髮型。」**讚美對方完全沒有料到的地方，不是很有趣嗎？

其他諸如對方把考了一百分的考卷給你看，你一邊看著考卷，一邊說**「你真的很棒！字寫得有夠漂亮。」**

這種出乎意料之外的消遣，可以說很容易製造笑點。如果對方剛好是被消遣就會吐槽回來的類型，一定要試試看。

被消遣時的反應③　騷擾式反擊

被消遣的時候，可以利用被消遣的特徵來騷擾對方。這也是反將對方一軍，很容易產生笑點。

「你什麼都吃，簡直跟豬一樣（笑）。」

「你說誰是豬！小心我用蹄子踢你喔！」

「芝山你實在是五音不全。」

「嘿！那晚上我在你枕邊唱晚安曲好了！」

「你這個人怎麼做事跟蝸牛一樣慢～（笑）」

「不許你這樣說（笑）。要不要我黏呼呼的爬到前輩的桌子上啊？」

日本搞笑團體《足球時間》的後藤就非常擅長這種回覆。以前後藤曾被消遣說「臉像鳥一樣」，他一句**「誰是鳥啊！我要在陽台生蛋了喔！」**的回應同時也製造出笑點。

比起「啊？你欠揍喔！」的憤憤不平，或是「啊……是這樣嗎？」的沮喪難過，這樣更有哏，氣氛也會更熱烈。

如果你被消遣「長得像魚」，那你可以試著思考：「如果是魚，怎麼做才會惹怒對方？」如果是經常會被消遣的特點，事前可以先想好應對方式。

被消遣時的回應④　強勢、嘆氣

「強勢」也是製造意外驚喜的好方法。

不要否定被消遣的點，強勢的回應「我是刻意為之」。

例如被取笑「你沒有女朋友~」時回嘴**「不是沒有，是不想有！」**

「芝山你的衣服好土喔！」被這樣消遣時，回答**「因為我怕太時尚，所以才故意打扮得土一點！」**

被消遣「衣服上長毛球」，就回答**「不是長毛球，是我黏上去的！」**

這種強勢可以讓對方出乎意料之外，而達到「好有趣」的效果。

另外像**「你注意到了耶!!就讓我試試看嘛！」**這種像比較高姿態的口吻也很有趣。

所以說—
嗯？
你嘴巴旁邊沾到一顆飯粒喔！
你是小孩子喔
啊？
不是沾上去的，是我故意黏上去的！
欸
你給我拿下來！
這我要留著等一下吃—

順著你自己的個性，「光是嘆氣」也是個好方法。

不要否定被消遣的點，眞誠接受後嘆氣。這也會意外產生笑點。

在某個日本節目上Panther的尾形被有吉弘行吐槽「一點也不好笑」，一般而言都會生氣地回說：「你幹嘛這樣說！」他則是嘆氣的說：**「有吉你也饒了我吧～我被這樣講會洩氣扁扁的喔～」**藉此製造笑點。

這樣的方式突出了尾形惹人憐愛的一面，也更能感到趣味。

10

風趣的人對於「被迫接哏」會這樣做！

被迫接哏「秒速」回敬！

「最近有沒有什麼有趣的事？」
「有沒有做什麼好玩的事？」
「秀一下那一招很好笑！」

突然被迫接哏，就是搞笑功力見眞章的時候。

此時如果「那個……嗯……」支支吾吾說不出話，場面就會頓時冷下來，要是我的話可是會恨死自己到兩天都睡不著。為了身心健康著想，當然希望能夠有巧妙的應對方式。

或許有的人會認為「我又不是藝人，怎麼有辦法說搞笑就搞笑」，不過不用擔心，應對方式其實很簡單。

首要的重點就是——**被迫接哏時，回應不要留「空檔」**。

回應愈慢，門檻就會愈高，說什麼都不會有趣。

在聚餐時常常會有「喂～你來表演一下！」「說點笑話！」被迫接哏的場面。這時候如果反應是「不要吧…我有點……」，說話的空檔拉太長，門檻就愈來愈高。這樣一來，就會變成不管做什麼都不好玩的氣氛了。

「芝山～你來表演一下啦～」

「好！科馬內奇！」

（譯註：諧星北野武的招牌動作，模仿運動員科馬內奇穿高衩運動服）

北野武的模仿很常見，卻能巧妙填滿空檔，製造笑料。

即使完全不像，或是一點也不有趣，卻很容易會讓拋哏過來的人做出反應「唉呦～根本不像啊！」「一點也不好笑啦！」，這樣又會引發一個笑點。

一旦有了空檔，對方會不知道該如何反應，就會產生微妙的尷尬氣氛。

如果是藝人被拋哏說「說點有趣的事情」，有時候也會故意裝傻「花很多時間講不有趣的事情」。日本諧星 Razor Ramon RG 的「老生常談」就是這樣的段子。

但前提是要用於會被吐槽，是與對搞笑敏感度高的人溝通時最好運用的技巧。

總之最重要的就是不要有空檔，避免提高門檻。

喂～芝山～說點好玩的事來聽啦～
欸……
該怎麼辦呢？要不就這樣做好了……
碎碎唸
還是做那個呢……但是不太好……嗯……
碎碎唸
那我要來囉……
科馬內奇
……
唉……
被迫接哏時回應要快不要拖！
冷

乾脆製造冷場被吐槽

被迫接哏的時候，乾脆就豁出去出糗一次的方式，學起來也有備無患。

方法是當別人拋哏過來「你來點有趣的」之際，你先說「**要做也是可以，但是一定不好笑也沒關係嗎？**」爲後面的吐槽埋下伏筆。

「你做點好玩的事情啦！」

「可以啊，如果現場馬上降5度也沒關係嗎？」

像這樣事先告知「做了之後會不得了喔」，然後再大大出糗一番。這種就是預期之中的搞笑失敗。

然後生氣的吐槽說：**「我不是說過了嘛！」「喂！這麼冷你要負責！」**也會引發笑點。

聯誼中
這傢伙有趣味版的自我介紹喔
不要啦！那樣氣氛會變得很冷啦！
沒問題，大家一定都會喜歡的！
既然你這樣說，那我就……
大家好～我是shibapi～!!
很高興認識大家!!
哈哈哈
所以我不是說過了嘛!!你要負責！
大笑

回絕時就把責任推給媽媽

被迫接哏時，也可以用「回絕」的方式來製造笑點。推薦的方式是**把責任推到不在場的人身上，然後加以拒絕**。由於狀況是出乎意料之外，所以也會讓人覺得有趣。

- 我媽媽說不可以這樣做喔！
- 對不起！醫生禁止我搞笑。
- 經紀公司說不可以耶！

像這種會被吐槽「你騙人！」把責任都推給毫無關係的人，產生笑點之外也順便回絕。

順道一提，這種不僅適用於被迫接哏的場合，想回絕聚餐邀約的時候也可以拿來用，所以請大家一定要學起來。

社團活動結束
吵鬧
等一下要不要去喝一杯？
來去來去－
嘩
好－
嘩
芝山也一起去吧－
啊……
今天想回家玩新上市的遊戲－
對不起，我媽說晚上五點過後就不可以出門。
騙人的吧!!
……沒辦法囉～幫我跟伯母問好～
掰
不好意思，下次再約喔－

要逃離被迫接哏，還有一招就是**裝作自己沒有被拋哏**。

「你做點好玩的事情啦！」

「……（朝旁邊東張西望）喂！你被拋哏了喔！」

像這樣雖然心知肚明對象是自己，卻推到別人身上。

而**不滿的回瞪**也是一種好的閃躲方式。

例如被說「芝山都是靠女人得到很多好處」，眼看就要變成「你這傢伙說什麼！」的氣氛，此時不發一語做出生氣揮拳的姿勢，女生還可以氣鼓鼓嘟嘴瞪回去，也能把場面圓過去。

這個傢伙最近跟女朋友處得不太好
是喔－
…
笑
氣噗噗
生氣了！

對方很白目時的高明閃躲法

遇到黃色笑話之類很難回應的話題，或是不想碰觸的敏感問題，可以**把身邊的人攬和進來藉此閃躲**。這是求助於第三者，跟對方抱怨的一種作法。

前面介紹過的「裝傻回應法」，是一種在不管任何情況，對方發言讓你很困擾時都可以使用的技巧。

例如有人就會一直問一些「○○你有沒有男朋友？」「交友網站上認識的那個男的還有在交往嗎？」之類比較私密的問題。

・誰可以幫我罵他一下？

・你也跟風學人家職場騷擾嗎？

・……對不起，誰來幫幫我啊？

・你問的問題太敏感囉！

・這個人在工作上也這麼抖S嗎？

這個方法就是像這樣對旁人說一句話，然後把身邊的人攬和進來藉此閃躲。即使不好意思跟對方明講，也可以經由身邊的人傳達困擾或抱怨，在產生笑點的同時，氣氛也不會變冷，可以巧妙脫身。

另外，衍生性的技巧還有「小聲的抱怨」。

例如有A、B和你三人一起說話，當A很白目的問你有關戀愛的話題。這個時候可以把視線從A身上移開轉向B，然後說：

・可以把這個人綁起來嗎？

・他問得好細喔！

・他從剛剛開始到底在說些什麼鬼啊?!

不是跟本人，而是跟第三者小聲抱怨。

這種技巧的重點在於「要以本人聽得到的音量說話」。如果說話時本人聽不到，那眞的看起來像是對他很嫌惡。

假裝小聲，但是本人卻聽得見——這就是最大的重點。

有時候跟本人吐槽「你很莫名其妙！」會過於強烈，可能顯得有些失禮，這時候跟第三者小聲的吐槽「這個人一直說些有的沒的，眞是莫名其妙」，也會成爲一個笑點。

這一招可以派上用場的情況出乎意料之外的多，請務必學起來。

「被稱讚」時也可以派上用場！三種受人喜愛的回應

勇於接受讚美也會受人喜愛

受到朋友、同事、主管讚美時，你會如何回應？

被讚美的時候當然很開心，不想讓人家認爲自己得意忘形，但是謙虛過頭又很矯情……

應該很多人都會對該如何回應感到不知所措吧？

事實上受到讚美後該如何反應，出乎意料之外的困難。過度謙虛也不好，高興過頭又顯得得意忘形。是一種容易顧慮太多，很難做出適切反應的情況。

另一方面，在這種大家都會很困擾的情況下，如果能巧妙的融合謙虛並且炒熱氣氛，絕對會讓對方留下好印象。

在此介紹**受讚美時最佳的三種回應方式**。

你可以從中找到最符合自己個性的方式，或是配合現場狀況擇一使用。

被稱讚時的回應① 自抬身價

被別人稱讚「你好厲害」，如果只是謙虛的回覆「哪裡，沒這麼厲害」「我只是運氣好而已」就不有趣了，有時候還會惹人厭。

這個時候，就乾脆順著讚美來**自抬身價，藉此反過來嘲諷自己**。

例如對方說：「芝山先生，您好厲害喔！」我會這樣回應：

・對啊！我可是大師級的人物呢！

・因為我是天才啊！

對方會吐槽：「你還眞敢說！」

看起來是自抬身價，但骨子裡卻是自我嘲諷。這種絕妙的回應，會製造笑點並給對方好印象。

DOWN TOWN的松本就經常使用這一招。

松本是日本公認的搞笑大師級人物，但是被稱讚之際有時候也會回：**「是啊！我可是大師！」**

這麼一來，旁邊的人也會吐槽「眞敢說！」當下就會變成「不是自抬身價」的狀況了。

雖然要這麼做必須看每個人的個性及與對方的關係，不過算是經常會使用的反應，尤其是裝傻性格的人最有效。

被稱讚時的回應② 謙虛裝傻

前面介紹的「自抬身價」回應法，有時會讓人覺得不太舒服。尤其本來個性就是自信滿滿，或是平常不太會開玩笑的人，用了這招後別人不會覺得你是在自我嘲諷，恐怕會招致「你給我謙虛一點」「怎麼志得意滿起來了」的反感。

例如有一位自信心爆棚、暢所欲言、吐槽別人不手軟的漂亮女孩，如果別人稱讚「○○小姐，好可愛喔」時順水推舟的說「可不是嗎？我可以去當模特兒了呢～」這樣反而會給人不好的印象。

「謙虛裝傻」就是這類型的人也可以使用的回應方式。

這是說是託其他人的福，一邊謙虛一邊裝傻的方法。

以下為例。

「○○小姐的ＩＧ好可愛喔～」
「謝謝！那是靠修圖的啦。」
「（笑）」
「上次考試你是全年級第一名?!好厲害喔！」
「哪裡，這是因為我每天都跟老天祈禱『保佑我變聰明』的關係啦。」

其他還可以用**「因為占卜說我今天是最幸運的星座」「因為我穿著幸運色紅色T袖的關係，太好了」**等，將之歸功於「幸運」。

多準備一些答案，需要時就能方便運用。事前先想一些「因爲是○○的緣故」吧！

芝山你拿到
○○公司的工作！
真有你的！
謝謝－
因為占卜說我今天
是最幸運的星座
啦～
運氣好～
我是不是也
應該去拜拜啊

被稱讚時的回應③ 請對方再稱讚一次

請對方「再多讚美一下」，這也是很棒的回應方式。

「芝山先生吐槽的技巧好高明喔！」

「謝謝。那個……你可以再誇我一次嗎？」

這種回應會成爲笑點，也會給對方帶來好感。

而這種回應方式可以有好幾種編排。

- 啊～我想用手機錄起來，可以再說一次嗎？
- 謝謝。今天的一番話請PO在IG上喔！
- 真的嗎？好高興喔！可以每次見面都跟我說一次嗎？

總之就是要以奇怪的方式請對方多稱讚一點。這算是略帶「自我嘲諷」的意味，所以會產生笑點和好感。

第3章

談話的最強武器!!
「吐槽」的方法

10

高明的吐槽，讓談話氣氛愉快、更受歡迎

所謂的吐槽是「找違和感」

溝通中沒有比吐槽更受歡迎（受重視）的技巧了。

只要會吐槽，即便是裝傻心情也很好，談話氣氛熱烈，大家都會很開心。因此吐槽高手很受身邊的人所喜愛。

到底什麼是吐槽？

印象中是氣呼呼地說「搞什麼鬼！」「這是怎麼回事！」就是吐槽，實際上究

竟是怎麼一回事？

說得直接一點，吐槽就是「找錯誤」「找違和感」。

店員：「請問是一位嗎？」

你：「是的，一位。」

店員：「請問是一位嗎？」

如果出現這樣的對話，任何人都會覺得「連問兩次好奇怪」。

就是如此，**針對大家會感到奇怪和悖離常識的部分，以「常識」的角度突顯出來**。

這就是吐槽的基本功用。

有時候有人會誤以為貶抑對方是吐槽，諸如「一點也不好笑！」「超級無聊！」「很冷耶！」等。

但這些話只是把對方逼入絕境，不會有笑點，也無法讓場子熱起來。

正確的吐槽方式，是**突顯趣味性（違和感、悖離常識），把對方的失敗或不好笑的地方變成笑點**。這是種技巧，絕對不是要把對方逼到絕境。

吐槽高手的共通點

「吐槽好像很難，我的個性也不太適合的樣子……」

有人可能會這麼想吧。

但是請放一百二十個心。

吐槽絕對不是某些人才會的技巧。

並非是會強勢吐槽「搞什麼鬼！」「這是怎麼回事！」之類氣場強大的人才能駕馭。

我本來也很不擅長強勢吐槽。在跟不破小姐組團之前，我一直都是負責「捧哏」，私底下也不是那種會一直吐槽別人的個性。

剛開始知道如何吐槽，是我觀察那些有個人風格的一流藝人，才**發現吐槽高手的共通點**。

・吐槽要有優先順位
・用犀利的言詞吐槽
・要有適當的「空檔」

意識到這些細節，讓不會吐槽的我，也能夠提升到一定程度。

在本章節中，將會解說這些重點。

即便你不是吐槽型的人，只要掌握這些要點，也可以簡單的學會吐槽。

學會了吐槽，在平常溝通上也能成爲強大的武器，請務必藉此機會學個一招半式。

不是什麼都可以拿來吐槽

吐槽要有優先順位

首先來聊聊有關吐槽的「優先順位」。

前面提到吐槽是找違和感、找錯誤，但這就是問題所在。

如果在小短劇中，出現了下頁插圖中的人物。

你會怎麼吐槽？請想一想。

我要把球打飛～
柔道

正確解答是**「你幹嘛不穿衣服啦！」**吐槽儀容不自然之處，或是**「莫名其妙耶！」**

「錯亂的事情太多啦！」吐槽資訊太過混亂。

因爲那是**大家會先感受到的奇怪之處**。

前面說過，吐槽是以「常識」的觀點，去突顯大家都覺得違和和奇怪的部分。

「大家都覺得」這一點非常重要。

「對啊！那個地方好怪！」

將每個人第一反應的違和感轉化爲語言，可以引起大家的共鳴，並製造笑點。

你可以多快察覺，並快速地吐槽？

這就是吐槽首要的重點。

前頁插圖中的人，有好幾個可以吐槽的點，例如「拿著網球拍打棒球」「綁著寫有柔道的頭帶」「穿著女用內褲」等。

但是吐槽要選其中**大家最有共鳴的地方**下手，這是最重要的部分，也就是大家

**吐槽這一點
比較容易
引起共鳴!**

都覺得「那個地方很奇怪」的違和感。

「到底是要打棒球還是網球！」「爲什麼綁著柔道的頭帶?!」如果是從大家一開始沒有注意到的地方吐槽，肩負打破違和感角色的吐槽本身就產生了違和感，大家根本笑不出來。

可能還會反而被吐槽「你怎麼先從那裡吐槽啊！」

感覺不對的瞬間就吐槽

判斷「吐槽哪個地方大家才會最有共鳴」，在談話中非常重要。

如果任何人說話時你都吐槽，或是每次看到奇怪的事物也吐槽，那又太過多餘，你本身就會成爲違和感的來源。

在日常對話中，重要的是選擇大家感到違和感的瞬間去吐槽。要選擇哪個部分，必須要好好思考。

秘訣就在於**「現在大家都有違和感！」**的那一刻。

「這麼說起來，昨天晚上吃了什麼啊？」

「嗯……不是漢堡排嗎？」

「對！沒錯！啊～然後我就不想去打工了～」

例如聽到這段有關吃飯的對話，都會想「那幹嘛要問昨天晚餐吃什麼啊？」這就是大家都有違和感、「可以吐槽的地方」。

像這樣發現「就是這裡」的點，也就是大家都有共鳴、違和感很重的時刻去吐槽，就可以引發笑點。

吐槽的基本是一句話一個訊息

讓哏涼掉是最差的吐槽？

那麼接下來再問一個吐槽的機智問答。

請試著對下頁插圖吐槽。

現在就把你想到的吐槽內容寫在旁邊的空白欄位中。

汪!!

這邊可以吐槽的點是「明明是貓卻汪汪叫」。

你會怎麼吐槽呢？

明明是貓，怎麼像狗一樣汪汪叫！

如果你是這樣吐槽，就要特別注意了，這樣笑點會減半。

因爲吐槽的台詞太長一串了，不夠簡明易懂。

吐槽的台詞愈長，反應的新鮮感就愈低。這是吐槽的重點之一。

太長的吐槽會像是在解釋說明，不夠簡潔犀利，讓大家反應的時間拉太長，削弱了趣味程度。

吐槽要短，「一句話一個資訊」是基本

吐槽的台詞愈短就愈犀利，也更有笑點。讓大家認爲一開始就這樣也沒關係。

以先前的範例來說，就是簡短有力的吐槽。

・咦！叫聲太奇怪了吧！

・咦！到底是貓還是狗啊！

即使吐槽的點有好幾個，每一個點的台詞都要簡短，這是最基本的。

例如前面那張赤身裸體男人的插圖，**「唉呀！為什麼沒穿衣服啦！那個柔道的頭帶又是怎麼回事?!」**可以從好幾個點來吐槽，但是每個點的說詞都要短，一句吐槽放一種資訊就好。

「唉呀！為什麼沒穿衣服還拿網球拍來打棒球！」一句話裡包含了好幾個資訊，成了好長一串的吐槽，聽的人必須等整段話講完。你想傳達的訊息無法順暢的進入每個人腦袋，所以不太笑得出來。

吐槽要一句話一個資訊，簡短的傳達。

這一點很重要。

「唉呀」「喂」是吐槽的跑道

雖然「吐槽要簡短」是基本要求，但有一件事例外。有些字眼看起來好像是多餘的，加上去卻有畫龍點睛之效。

那就是前面加一句**「唉呀」「喂」**。

・**唉呀！**太奇怪了吧！

・**喂！**在幹嘛啊！

你去聽聽看藝人在吐槽的時候，就會知道大抵前面都會放發語詞。

最近霜降明星的粗品君，就是吐槽時會說**「喂！○○」**的類型。

事實上這些發語詞，對於吐槽很有效果。

「唉呀」「喂」相當於**吐槽的跑道**。就像飛機無法瞬間就上升起飛，吐槽也是要利用「唉呀」「喂」來助跑，整句話會更完整，更能夠打動人心。

理由可大致分爲三個，第一個是**讓吐槽容易發音**。

吐槽時突然要說出聲，其實挺困難的。

你可以試試說「搞什麼鬼！」是不是會覺得有點難說出口？

那麼就請在前面加上「唉呀」「喂」。

如何？這樣做能方便調整發聲或音量，也容易加入情感。

即使是專業的藝人，能夠一口氣簡潔有力地說出「搞什麼鬼！」也僅限於佼佼者。大多數的藝人也是要有發語詞來助跑，才容易發聲，實現犀利的吐槽。

此外，**加入「唉呀」「喂」也有一個好處，會比較有真實感**。

例如對方耍寶的說「我是松本人志轉世投胎的！」「怎麼可能！」只有這樣一句吐槽，好像乾了點，感覺不是發自內心的吐槽。

這時候多加個發語詞**「喂！怎麼可能！」**感覺就是有好好的接下對方的哏並加以反應，更有眞實感和趣味感。

更進一步具有**讓自己受到關注，讓身邊的人調整為聆聽模式**的功用。

搞笑要在自己受到注意的狀況下才開口說話、耍寶、吐槽，這一點很重要。

其實我們經常並沒有特別留心聽別人說話。在還沒準備好聆聽的狀態下耍寶、吐槽，大腦無法處理的可能性很高。

說一句「唉呀」「喂」大概只有半秒左右，卻可以讓大家注意「這個人要說些什麼」，調整爲聆聽的模式。有沒有這句發語詞眞是天差地別。

當然，也有不加發語詞比較犀利的狀況，但基本上是加了之後比較容易吐槽。

10

用「搞什麼鬼！」一決勝負

吐槽的目標愈精準就愈有趣

吐槽有各種表現方式。

首先會想到的就是「**搞什麼鬼（搞什麼飛機！）**」。

雖然比較老套，卻是很方便的吐槽法。

看見奇怪的舉動可以說「搞什麼鬼！」、被消遣的時候也可以說「搞什麼鬼！」。可以應用的範圍很廣泛。

其他還有「**你在做什麼！**」「**很奇怪耶！**」等，都是很容易適用於各種狀況的吐槽，記下來絕對有幫助。

這種守備範圍很廣的吐槽雖然方便，但是「笑果」會降低，因爲**吐槽基本上要愈精準才會愈有趣**。

介紹自己推薦的餐廳時，比起「這家店超級好吃」，還不如說「這家店的玉子燒超好吃」，更能讓對方有印象。吐槽也一樣，能夠精確直指「有趣的點（奇怪的點）」，才能成爲笑點。

例如看到下圖的人，你會怎麼吐槽？

這也是可以講「搞什麼鬼！」的狀況，但是更精準明確地說出「哪裡很有趣？」才會更加有趣味。

這裡是「派出所」，所以露肚子很奇怪。

・在**哪裡**搞什麼鬼啊！

・在**派出所**做什麼好事啊！

像這樣把場所的違和感精確地強調出來，就可以突顯趣味性。

無法馬上即興創作的時候，可以用較籠統的表現方式，但是如果行有餘力，要盡可能的精準吐槽。

不過，要注意句子不要太長。「在派出所前面露肚子是在開玩笑嘛，眞是在搞什麼鬼！」像這種太長的吐槽並不理想。

・在**別人**家搞什麼鬼！

・在**生日**這天也太奇怪了吧！

・**你**在搞什麼啊！

像這樣明顯地指出「什麼時候」「在哪裡」「誰」等有違和感之處，短短一句話也會是好的吐槽。

10 吐槽三段情緒活用

吐槽分為大・中・小

吐槽很重要的是要帶感情。

要由衷地感到「奇怪」而吐槽。

能夠這樣傳達，就會有眞實感，更加好笑。

最適合吐槽的情緒就是「憤怒」，**將憤怒的感情帶入吐槽**是基本要求。

爲了避免誤解要先說明，並不是要眞的生氣。日本搞笑組合 UNJASH 的兒嶋固定的台詞就是「我說大島啊」**「是兒嶋啦！（怒）」**，但是兒嶋本人應該並沒有眞的不開心。

這充其量只是一種表現方式，讓吐槽帶有憤怒的情緒。

如此可以增添吐槽的趣味性。

在吐槽加入憤怒的情緒時，**憤怒的等級（音量）可區分為「大」「中」「小」**。

例如「被拍肩膀，一回頭就被用手指戳臉頰」的惡作劇，你如果很大聲的吐槽

「搞什——麼——鬼——！！！」

大家只會覺得很違和。

因爲這種情況一般來說，不會引起這麼劇烈的憤怒情緒。略爲帶情緒的說「哎呀！你在搞什麼啦」不會太奇怪，更有眞實感。

如果相同的耍寶或是惡作劇重複好幾次，吐槽的憤怒等級也會上升。重複的話，愈來愈憤怒也很自然。

「芝山是笨蛋。」

「唉呀！你在說誰啊~」

「不好意思，我愈想愈覺得你是笨蛋。」

「不准再說什麼笨蛋笨蛋的。」

「抱歉抱歉。但你真的是個無可救藥的笨蛋。」

「你說幾次了!!」

吐槽要像這樣，**隨著對方耍寶的種類或狀況改變發怒的等級**。要搭配哪種程度的憤怒，要用多少分量的吐槽才會有眞實感？學會如何巧妙地調整，就可以有更具笑點的吐槽了。

10 吐槽的「空檔」重要性占九成

吐槽的關鍵是速度

藝人經常會說**「空檔」**很重要。大家或許常會聽到「空檔很差」「空檔很好」。藝人們所謂的「空檔」，分析起來就是「針對對方所說的話做出反應、吐槽的時間」。

有時有空檔會比較好笑，相對的也有不留空檔比較有趣的時候。也就是說，所謂的「空檔很差」，是該抓空檔比較好的時候卻沒有留空檔，而不該有空檔的時候卻製造了空檔。

吐槽時要注意的基本原則是，**簡單的搞笑不用留空檔，困難的搞笑要留空檔**。簡單搞笑的狀況下，「聽眾」理解的速度也比較快。

例如漫才會有的經典對答。

逗哏　「今天的觀眾有很多漂亮的小姐。（一邊依序指著客人）漂亮小姐、漂亮小姐、跳過去、漂亮小姐。」

吐槽　「喂！跳過一個很失禮耶！」

這時候如果吐槽之間有空檔，聽眾會覺得「很沒禮貌」，之後再吐槽也不會有效果。因為吐槽比周圍的人理解的速度還要慢，笑點也會減少。

在這個場景，當客人腦中浮現「沒禮貌……」的想法那一瞬間吐槽，大家就能會心一笑。

當然根據現場狀況和逗哏的種類而有所不同，但是基本上請記得簡單的搞笑不用留空檔，要快速吐槽。

那個ー跳過ー個、
漂亮小姐……
喂！
跳過一個
很失禮耶!!

難以直覺理解的搞笑要製造「思考時間」

相反的如果是「較難理解的搞笑」「較難傳達的搞笑」，給聽眾思考的時間很重要。

如果沒有考量到這一點，在缺乏空檔的情況下立即吐槽，聽眾會聽不懂「啊？什麼意思」而陷入混亂，怎麼笑得出來。

我們就來看看下面的例子。

逗哏「之前我看到蝦子在天上飛」

吐槽「……這真的可以說是炸蝦！」

說出「蝦子在天上飛」的瞬間，聽眾會思考「嗯？怎麼回事？」這個時候如果在對方還沒有消化完資訊的時間點吐槽，聽眾就無法立刻了解眞正的目的。

像這種比較難理解的搞笑，要給聽眾思考的時間、消化資訊後再吐槽。

（譯註：炸蝦的日文發音為ebifurai，與ebi（蝦）fly（飛）諧音）

巧妙運用「空檔」的最佳實例，應該就是二〇二一年M-1大賽（譯註：日本漫才比賽）中獲得優勝的二人組錦鯉。

那一年M-1決賽的第二個段子，負責逗哏的雅紀說了一個追捕街上迷途猴子的段子，而負責捧哏的渡邊，是用以下的方式製造空檔，讓大家爆笑不已。

雅紀　「啊！猴子逃到森林裡去了。」

渡邊　「……這樣不是很好？」

「想要抓猴子而進行追捕，結果猴子逃到森林裡。」這種狀況下，大家無法立刻理解整段話到底哪裡好笑。

而負責吐槽的渡邊給了兩秒的空檔，製造出和大家一起思考的空檔，才收獲了哄堂大笑。這就是「較難理解的搞笑要有空檔」的最佳範例。

當然最佳的空檔並不固定，因爲每個現場的狀況不同。所以專業的藝人也會去回顧「今天的空檔抓得好」「空檔沒抓好」。

但是基本上「好懂的搞笑不需要空檔」「較難理解的搞笑要空檔」。只要守住這個大原則，就可以提升吐槽的品質。

挑戰「比喻式吐槽」

比喻式吐槽以「猜謎化」來思考

吐槽高手的技巧之一就是**「比喻式吐槽」**，這是將吐槽比擬爲物品、狀況、名人的技巧。

以藝人來說，奶油濃湯的上田、足球時間的後藤、千鳥的阿信都經常用此技巧。

例如「回頭就用手指戳臉頰」的逗哏，通常的吐槽會是「唉呀！搞什麼鬼！」

如果能具體突顯「這是個無聊的惡作劇」，必然趣味倍增。大概會變成以下的感覺。

・喂！你是小學一年級的男生喔！
・喂！我又不是電鈴！
・唉呀！這是吉卜力的暖心場景嗎？

像這樣比擬成其他物品或狀況的表現方式，趣味性更明顯，也更能引發笑點。

在思考比喻式吐槽時，秘訣是「猜謎化」。

思考「這個狀況可以想到什麼？」，就聯想出「小學一年級男生」「電鈴」「吉卜力的暖心場景」。

思考如何比喻的時間非常短促，如果無法想出好的比喻時不要勉強，用老套的吐槽方式也沒有問題。

順道一提，「比喻」不只可以用於吐槽，還可以用於反應。

看到全速衝刺跑步的人，可以說**「好像是全盛期的波爾特」**（譯註：男子一百公尺世界紀錄保持人）。

吃了太硬的法國麵包，可以說**「跟剛從冷凍庫拿出來的紅豆冰棒一樣硬」**。

看到厚厚的法國吐司，可以說**「這跟字典一樣厚」**。

看到跟蹌絆倒的人可以說**「好像受驚的貓一樣飛起來」**。

透過這些比喻表現，當下的狀況會變得更有趣，請務必在各種場合試試看。

老套的比喻，乾脆就抽象化製造意外性

順道一提，沒有意外性的老套比喻，刻意用拐彎抹角的方式來表現，也會有笑點。例如用「大雄」來比喻「魯蛇」，就沒有什麼意外性。

而爲了創造意外性，而**刻意用抽象的譬喻來吐槽**。以「大雄」的例子來說，

・唉呀！這不是跟哆啦A夢一起住的傢伙嘛！

・唉呀！這不是靠哆啦A夢罩的那個傢伙嗎？

這種稍微間接的表現，反而能有意外的趣味。

但是如果過於抽象、瘋狂而讓人無法產生聯想，那也失去意義。例如說「不就是那個很會翻花鼓的人！」「就是卡通裡那個帶著眼鏡的魯蛇！」有人根本無法聯想到大雄。

請使用清楚易懂的比喻。

試著以數字違和感來比喻

順道一提，即使是初學者，也推薦用「數字」來比喻。

「昂貴·便宜」「大·小」「長·短」「重·輕」等，金額或大小、長短都可以拿來比喻。

舉例來說，請看看下頁圖片所販售的商品。

請問大家會如何吐槽？

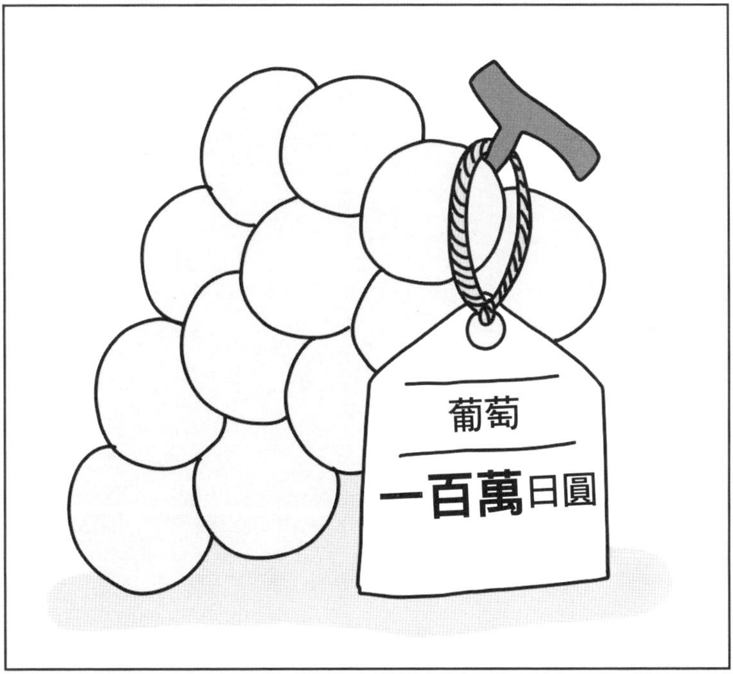
葡萄
一百萬日圓

這時候如果說「太貴了吧！」那就沒有什麼意外性。
那就試試看下列的比喻。

・好貴！可以買一輛汽車了！
・比一流企業的獎金還要多！

這樣是不是比較有趣一點？
這種數字的比喻，千鳥二人組經常使用。
在某個節目上，阿信看到剪髮要價七千五百日圓，是以**「可以買一雙CONVERSE的帆布鞋了！」**來比喻。另外，大悟看到定價一千二百五十萬日圓的貓咪擺飾，也是以**「可以買一輛休旅車了！」**的獨特比喻，趣味的傳達價格之高昂。
去尋找這種「如果是這個價錢，可以買下什麼東西」「如果是這個長度，就跟什麼一樣」的聯想、比喻，會相當有趣。

初學者「不要用肯定句」比較好笑

而在使用比喻法的時候，初期建議「不要用肯定句」。

因爲「比喻」的趣味之處，就在於周圍的人有「的確如此」的共鳴。

這時候如果用很果斷強烈的語氣說「就是〇〇！」萬一沒有共鳴，冷場的可能性很高，而且也會讓人家覺得是有目的性的製造笑點「很有趣吧?!」變得很難笑的狀況也所在多有。

所以推薦**結尾用「~吧！」「看起來不是像~嗎？」疑問句方式**。

這樣即使沒有獲得共鳴，也不至於太過尷尬，更不會有刻意製造笑點的感覺，比較容易被接受。

例如看到穿著橫條紋T袖、橫條紋長褲的人。

這時候不要以肯定句說「那個人是斑馬！」

・你看！是不是好像斑馬？

・那個人是斑馬嗎？

用這樣的表現方式，大大的降低了目的性，也降低了沒有獲得共鳴時的尷尬。

10

最近流行的「心境預測吐槽」太方便

普通的舉動也能變成笑點

最近很多藝人都在用一種吐槽方式。

那就是**「心境預測吐槽」**。

先預測對方行動的目的，然後將之描述出來的吐槽方式。

例如下班後同事來打擾你工作，可以吐槽**「你工作做完了要來找我玩嗎～不是吧！」**

對於講黃色笑話沒人反應而苦笑的朋友吐槽**「氣氛很尷尬喔～不是吧！」**

芝山～！
？
喀噠
喀噠
喀噠
已經過了5點了喔！
喂！你工作都做完了才來找我玩－才怪！
我很忙!!

這種吐槽讓對方即使舉止很平常，但是因爲以趣味、奇怪的方式描述目的，就會產生笑點，非常方便。

藝人有吉經常會使用這個技巧。在某個節目裡，他看到因搞笑冷場而一臉困窘的藝人，就吐槽「也沒有這麼糟啦～才怪！」逗得大家都笑了。

心境預測吐槽中，是否符合實際的心境不是重點。對方的所作所爲是不是看起來像那樣才是重點。

看看他的臉色和舉止，如果覺得「這樣想會很有趣」，那就試著用**「◯◯，才怪！」**的形式來吐槽看看吧。

10

使用造句「過於～的人」來吐槽

使用「過於～的人」造句的吐槽

還有一個推薦的吐槽法要介紹給各位，那就是對於做得太過分的人使用的**「造句吐槽」**。

例如有一個不管發生什麼都積極正面的朋友，給心儀的對象傳送了LINE訊息，即使被已讀不回也只是說「因爲她太害羞，所以需要多一點時間吧～」。

有這種朋友，你一定會想要吐槽「你也樂觀過頭了！」

但是這樣好像又有點普通？

那就再委婉地加點料，比如說以下的表現方式。

・唉呀！實在是個樂觀怪獸！

・唉呀！是樂觀先生啊！

吐槽的點是一樣的，但是獨特且有意外性的委婉說法，會瞬間戳中大家笑點。

形容「難吃」的時候，常常會說「跟屎一樣難吃」「難吃到噁心」，基本上是一樣的用法。如果只有「難吃」就過於普通，加上「屎」「噁心」等字眼，就會變得比較生動。

造句式吐槽，只要準備一個關鍵字，就可以應用在各種場面。

前面提到的「怪獸」就是非常好用的關鍵字之一。

對於很認眞念書的人，可以說**「你眞是個讀書怪獸！」**

對於一直在遊戲課金的朋友，可以說**「你眞是課金怪獸！」**

有一點風吹過來就會不斷說「好冷、好冷」的人，可以說**「你是畏寒怪獸！」**

只要是反應比平常激烈的人或場景，大致上都可以使用。
除了「怪獸」之外，多準備幾個用詞，就會有許多變化了。下面舉的例子一定要記下來。

造句吐槽可以使用的語詞

～鬼／～怪獸／～先生／～小姐／～大臣／～總統

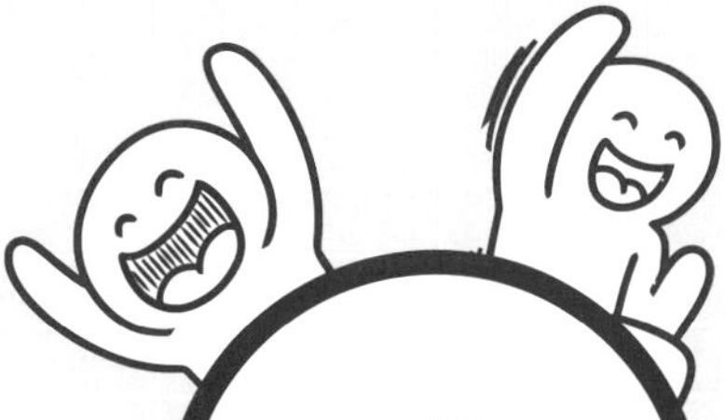

第4章

藝人其實不想外傳的「不冷場搞笑」秘笈

「不冷場搞笑段子」的創作法

不冷場搞笑的搞笑段子上哪找？

要預先準備一、兩個小笑話以備不時之需。很多人都會這樣想吧！

所謂的小笑話，也就是俗稱爲**「不冷場的搞笑段子」**，能有一個能激發笑點的鐵桿段子，會是莫大的武器。

在聚餐、聯誼、簡報破冰等各種場合引發笑點，能夠爲之後的溝通帶來正面的影響。那麼，要怎麼創造「不冷場的搞笑段子」？

最好的方法是體驗過任何人聽到都會笑出來的遭遇。

但是這樣的機率少之又少。

下雨天跌了一大跤的人，剛好穿著「七轉八起（譯注：跌倒七次爬起來八次）」的T恤這種完美的笑點，不是隨便什麼時候都遇得到。

在現實生活中**捕捉「有點趣味的瞬間」**，**然後「稍微添油加醋」**，就是藝人創造不冷場搞笑段子的方法。

後面會再談到要讓說話氣氛熱烈的方式，首先介紹如何找尋藏在日常生活中「有點趣味的瞬間」。

不冷場搞笑段子題材找尋法① 注意「感受到反差的瞬間」

「平常很嚴肅的老師跌倒了」「貴為社長卻在結帳的時候說『我有零錢』」「長得凶神惡煞卻摘了一朵花」這種**感到反差的體驗**，就是不失敗搞笑最好的題材。

日本喜劇二人組麒麟的川島曾說過一段小軼事，「頑固又嚴肅的父親，在公司是同事間專說黃色笑話的人物」就是這種典型。

「有錢卻小氣」「看起來很強卻很膽小」「雖然是小孩子講話卻像大人」等令

人感到反差的瞬間，其實平常生活中還不少，請務必有意識的去找找看。

不冷場搞笑段子題材找尋法② 找找看「你在說誰！」

「你在說誰啊！」「我才不想聽你說！」當你想要這樣吐槽的時候，也很容易可以拿來當作段子的素材。就是「說起來這個人說這樣的話、做這樣的事不會很奇怪嗎？」

- **繫著亮眼粉紅色領帶的主管，卻提醒女部屬說「你的指甲不會太鮮豔了嗎？」**
- **流氓說「要認真生活」**

如果你碰到這種**想要說「你有資格說嗎？」**的瞬間，請一定要先記下來。

順道一提，我遇到有趣的事情，會馬上用手機的筆記功能記錄下來。因爲不管是多好玩的體驗，過幾天都會忘記。

只要記個大概就可以，所以可以先大略寫一下，之後再重新整理就好。

不冷場搞笑段子題材找尋法③　注意「過於○○的人」

千原二世在哥哥靖史說話的時候，經常會說「沒禮貌」。

例如下面這麼一段故事。

在百貨公司搭電梯的時候，剛好七樓有間很大的書店，那層樓有個店員模樣的人抱著一大疊書走進電梯。

然後靖史突然開口問那個人：「盤點嗎？」

喂～你也太沒禮貌了～

搭電梯的時候可以突然問陌生人「盤點嗎？」

實在是沒禮貌！

像這樣**「比一般還要〇〇的人」**，就會不斷帶來趣味話題的素材。

你身邊也有「過於〇〇的人」嗎？

「超級愛女朋友或男朋友」「超級討厭蟲子」「超級計較金錢」「人超級好」「對流行超級敏感」等，如果有這類型的人，請注意他的行爲舉止，一定可以找到趣味題材。

不冷場搞笑段子題材找尋法④ 不論何時「失敗」就先記下來

簡而言之，失敗經歷容易找笑點，可以成爲很好的素材，因爲人們總喜歡窺探他人的不幸或失敗。

順道一提，失敗也有幾種典型：**「失禮類」「誤會類」「說錯．記錯類」**。

所謂的失禮類，就是不小心做了無禮之事的體驗。「朋友給我看一張男生的照片，我沒注意到是她男友，還說『好像遊手好閒的尼特族』」「我不知道他是作家，竟然問『要教你怎麼寫嗎？』」。

而誤會類則因誤會感到丟臉的時候。「以爲他比我年紀小而用平輩的語氣說話，沒想到比我年長」「我以爲他是總機而跟他發牢騷，結果竟然是社長」「我以爲是搭訕所以不理對方，結果只是撿手帕給我而已」。這種誤會都可以成爲有趣的素材。

說錯．記錯類的例如「媽媽把『多多洛（龍貓）』誤打成『洛多多（山藥泥）』傳LINE給我」「我把簡報『PowerPoint』說成『power spot』」。

這種有一點小小失誤是最佳的素材。

例如說錯．記錯類的「媽媽多多洛」，可以做成下面的小故事。

之前在公司午休的時候，老媽傳LINE給我「今天有洛多多喔！」。我很喜歡山藥泥，所以一邊想著「這麼難得有洛多多」「要淋在飯上面嗎？」非常期待的回到家。

結果一回家，餐桌上並沒有洛多多。

「奇怪？」我一邊這樣想著，一邊開始吃飯。然後電視開始播放「隔壁的多多洛」（譯註：《龍貓》的日文片名直譯）。

不對！是多多洛啦！

像這樣就可以創作出一段搞笑絕對不會冷場的段子。

但是其實很少遇到完成度這麼高的故事。

就像前面所說，有一點趣味性的素材可以拿來「添油加醋」，使之變得很有笑點，這個步驟很重要。

這麼一說，有人就會覺得「把故事拿來添油加醋好嗎？」

答案是「YES」。

雖然完全捏造編謊不好，但是**如果不添油加醋，很難成為笑得出來的小故事**。

完美的故事，人的一生中大概只會遇到兩三次吧。

發現好的素材，可以稍微添油加醋，這一點很重要。

那麼該如何添油加醋呢？在下一個章節會介紹相關技巧。

將一點點有趣變成超有趣的添油加醋法

發現話題「需要改善的趣味點」

就像前面所提到，在尋常的生活中，遇到很多超級趣事的人非常罕見。所以發現潛藏在日常生活中稍微有趣的事情，並以絕妙的方式「添油加醋」非常重要。

那麼，該如何加油添醋呢？

就像上一篇提及絕對不能「完全是謊言」，請不要捏造事實。去尋找身邊發生的事情或是小故事，巧妙的編輯並呈現，這是添油加醋的最底線。

話題添油加醋最重要的原則，就是要去找發現「這裡再多一點點就會比較有趣」的點，也就是「趣味改善點」。

例如發生了以下的事情。

昨天我在洗澡的時候，

結果流出來的熱水超級燙「好燙！」

我跟女朋友講這件事，

結果她竟然很冷淡的回我「喔～這樣啊～」

這只是「一件小事」。

這件小事要改善哪個地方才會變得有趣？

請稍微思考一下。

如果是我，應該會這樣修改。

昨天我在洗澡的時候，

結果流出來的水超級冰的「好冷！」

我跟女朋友說這件事，

結果她竟然很冷淡的回我「喔～這樣啊～」

比洗澡水還要冷！

爲了製造「女朋友的態度比洗澡水還要冷」的笑點，所以我把「熱水」換成「冷水」。

像這樣平常發生的小故事，稍加改善就可以成爲有趣的話題。

找尋「趣味改善點」，是話題添油加醋重要的視角。

順道一提，小林劍道有這麼一段小故事。

念幼稚園時，我跟著岡山縣鄉下的阿嬤還有親戚千惠去採山菜，偶然發現了鹿的屍體。千惠很害怕就拿石頭去丟，阿嬤很生氣的罵她要尊重生命。

後來阿嬤看到一隻很大的蚯蚓，一邊說著「這是啥～好噁心！」一邊拿小刀把蚯蚓給殺了。

千惠看到之後就說，下次要拿石頭丟阿嬤。

這個故事說不定全都是眞實的，但以藝人的角度來看，最後「拿石頭丟阿嬤」的笑點，有點添油加醋。

「殺蚯蚓」這個哏有點弱，但是因爲有這個哏，才能夠變得好笑。

雖然不知道眞相爲何，如果要添油加醋，從「修改哪邊才會變得有趣」的角度來看，這是最好的範例。

實話的界線因人而異

每次演講提到「話題添油加醋法」時，一定會有人問：「要加到什麼程度？」

這很難用一句話去界定。只要不是全部都在說謊就好，但也不僅只於如此，如果過度在意「添油加醋不太好」，也創作不出有趣的故事。

以結論來說，「添油加醋到什麼程度才好」端憑個人感覺。

你可能會認爲「這種說法太模糊了吧！」事實上「憑個人感覺」這件事超級重要。

本來能不能高明的添油加醋，就是全靠**「自己是不是能當成事實，自然說出來」**。反過來說，如果自己都認爲內容「有點誇張……」「好像太假……」，那也就無法自然地表達了。

這種感覺因人而異。對於能自然當成事實說出來的人而言，就是「高明的添油加醋」「巧妙的編輯」的範疇。但對於感到「不行，這太超過了」的人來說，就是「過度包裝」。

這並沒有誰對誰錯，每個人「說實話的界線」本來就不一樣。

這終究是個人觀感，屬於感性的問題，所以在給話題添油加醋時，請想一想「到什麼程度自己還能夠當成事實說出來」。

這就是「添油加醋到什麼地步才好」的基準。

讓謊話似的故事增加可信度的方法① 加入寫實的描述

話題添油加醋時，有「聽起來不像在說謊的技巧」。
其中之一就是**加入「寫實的描述」**，在談話細節中加入寫實資訊，增加可信度。
例如這樣一段小故事。

> 前陣子某個下雨天，路旁有個人大大的摔了一跤，
> 我才在想「這個人摔得真慘」，結果就瞥見他穿著胸口寫有「七轉八起」的T袖。
> 他是打算要跌倒幾次啊！

有點太過巧合的故事，所以可能會讓人懷疑「真的嗎？」

這個故事如果像下述一面加入「寫實的描述」，馬上就增加了可信度。

前陣子某個下雨天，我**走在澀谷十字路口附近，有個四十歲左右的微胖大叔**，在路上跌了一大跤。

我才在想「這個人摔得真慘」，結果就瞥見他穿著胸口寫有「七轉八起」的T袖。

他是打算要跌倒幾次啊！

加入細緻的描述就能增添話題的寫實性，提高可信度。

藝人也經常使用這個技巧，即使是「不會冷場的段子」，開場白也會仔細地說明時間性「大概是在兩年前」「事情發生在去年夏天」，提升寫實性。

讓謊話似的故事增加可信度的方法② 拉出防線

另外，對於太過完美的故事，預先拉起「不是假的」防線也很有效果。

・這是認真的吧？
・我知道真的很難相信
・你一定會覺得我在唬爛
・這簡直會以為是我編出來的

像這樣說故事前**先說一句「聽起來很像假的，但真的不是騙人的」，預先拉起防線**。

前面提到的「七轉八起」故事，如果像下述一樣在前面多加一句，聽起來可信度就更高了。

前陣子某個下雨天，我走在澀谷十字路口的TSUTAYA附近，有個四十歲左右的微胖大叔，在路上跌了一大跤。我才在想「這個人摔得真慘」，結果就瞥見簡直是到了**我會懷疑「真的假的?!」**的程度，他穿著胸口寫有「七轉八起」的T袖。

他是打算要跌倒幾次啊！

像這樣事先拉出了防線，對方認爲「雖然太過完美，但應該是眞的」的可能性就會提高。

順道一提，使用此一技巧最有名的段子，就是星田英利的「被太太懷疑外遇」。某一天星田爲了避免忘記繳瓦斯費，而留下**「gasudai（瓦斯費），別忘了」**的紙條，結果太太看成**「gasuyo」**的女性名字，以爲他有外遇。

光是聽到這樣，會覺得太過完美而難以相信，所以星田一開始就先說「這是眞實故事」，拉出一條防線，營造出寫實感。

任何故事「太長」都不會受歡迎

你的故事不受歡迎、缺乏共鳴的理由

在說小故事的時候，專業藝人和素人之間有何差異？

這麼一問，我首先會想到的是「不必要的資訊是不是比較少」。

我的工作經常會幫一般人士的段子做增刪，或是聆聽他們說故事，所以感覺**「很多人會放入太多不必要的資訊」**。

如同第1章所介紹的「說話方式」固然重要，但是如果資訊量太多，話題的內容和趣味性就很難傳達完整。

例如來看看下面這段話。

今天啊，我到附近的超市去有夠火大的，那家超市我平常不太會去，就是車站前面的那間！離便利商店也很近。

在結帳的時候我打算用 QR code 付款，要自己掃碼。因為之前都是請櫃檯幫我結帳，從來沒有用過這種方式，所以超級緊張。

因為我沒有帶錢包，所以拚命努力操作，總算出現繳費成功的畫面。所以我就準備把商品帶走，結果店員卻質問我「真的付款成功了嗎？請給我看繳費清單！」以前我就有被那間店的店員凶過，那間店的店員真的很糟。

然後啊，我就想說「真的很討厭」，因為不知道方法，所以就問店員「請教我要怎麼看繳費清單！」

然後變成那個店員很緊張，跑去問主管要怎麼操作！

那個人是大概四十多歲的女人。

明明就不知道要怎麼操作，還那麼強勢的質問我，這樣對嗎?!

讀過之後，會不會覺得「這個故事的笑點在哪？」「我剛剛聽了什麼東西？」理由就是因爲「資訊量太多」。

不必要的敘述和資訊放了太多，聽的人會感到壓力，故事太長了！在到達笑點之際，與其說是有趣或無聊，其實更多的是「終於結束了」的解脫感。

你身邊大概也有這種人吧！說話內容繁雜，聽了都很累。

即使覺得「自己沒這種問題」，一旦開口太多也會加入太多不必要的資訊。

談話一旦變得冗長，聽眾的興致在半途就會慢慢變淡，話題內容或是有趣之處都會很難傳達。

這樣想要引起共鳴、引發笑料會變得困難重重，所以盡可能刪除無謂的資訊非常重要。

以一句話總結「這段故事哪裡有趣？」

如果想要以更有趣、更好懂的方式傳達你絕對好笑的小故事，或是今天發生的事，**在說話前請先試著用一句話總結「這段故事哪裡有趣」**。

沿著這個主軸，再來思考哪裡應該削減、哪邊應該再增添，就能更聰明的傳達話題趣味之處。

拿先前的小故事來說，彙整起來就是「用 QR code 結帳花了太多時間，所以被店員質問，結果店員根本不知道操作方式」。

以這條主軸來思考，就可以發現有很多不需要的描述和資訊。

經過削減調整後，就會成爲這樣簡潔易懂的故事了。

今天啊，我到附近的超市去有夠火大的。在結帳的時候我打算用 QR code 付款，要自己掃碼，我從來沒有用過這種方式。

總算出現繳費成功的畫面，結果店員卻質問我「真的付款成功了嗎？請給我看繳費清單！」

因為不知道方法，所以就問店員「請教我要怎麼看繳費清單！」然後變成那個店員很緊張，跑去問主管要怎麼操作！明明就不知道要怎麼操作，還那麼強勢的質問我，這樣對嗎?!

在說小故事之前，先以一句話彙整「這段話哪裡有趣」，爲了精確傳達，要留意盡量不要摻入無謂的資訊。

如果能做到這一步，你的故事會更好懂也更有趣。

10

立刻被話題吸引的高明前置作業法

只要加上標題，趣味度就增加兩倍！

在說小故事的時候，開場也很重要。

從開場就要有「好像很有趣」「有點好奇」的感覺，讓聽眾想要積極參與，營造容易炒熱場子的氣氛。

如果聽眾完全不感興趣，不只氣氛很難帶動，最差的狀況還有可能要中途改變話題。讓對方有「這段故事想要聽到最後」的念頭，是非常重要的事。

雖說如此，也不能劈頭就說「我要講一個超級有趣的故事」之類的話，硬生生把門檻提高。**想要在不提高門檻的狀況下讓聽眾聽到笑點**，這事關重大。

此時可以使用**「加標題」**的技巧，也就是幫話題加個「開場白」。

例如若是大家聽了都會生氣的話題，就加一句**「這件事我都很佩服自己沒有失控……」**說完之後再開始往下描述。

加了標題之後，從一開頭大家就會興致勃勃，馬上就被吸引。

而且**加了標題之後，即使笑點不夠強，只要能好好彙整，就會變得有趣**。

例如「主管對我大發雷霆」這種沒什麼笑點的話題，也可以在開始時加個標題**「我都不知道人可以這麼生氣……」**，光是這樣就可以彙整話題，帶出趣味之處。

一石二鳥！吐槽的引子

在話題前面加標題時，也可以**在吐槽笑點的短句前面加上引子**。

・很無聊耶！這個故事

・搞什麼鬼！真讓人想說這句話

・莫名其妙！真讓人想這樣大叫

・隨便啦！真讓人會這樣大叫

像這樣在吐槽的短句前面加上引子，聽的人對於吐槽要對應的「笑點」是什麼內容，馬上就會感到好奇。

此外，即使笑點比較弱，「吐槽本身也會成爲笑點，變得更有趣」而有加分的效果。

這是件想讓人大叫「隨便啦！」的事，

今天凌晨大概五點的時候，老媽突然傳LINE過來，

「怎麼這麼早，發生什麼事？」我一邊擔心一邊看了訊息，

裡面寫著「我穿了新睡衣喔！睡得可好呢！」

唉！隨便啦！

眞的是隨便怎樣都好的一段小故事，你如果把引子拿掉再讀一次看看。

會不會覺得：「咦？這是要講什麼？」「笑點在哪？」

原本「一大早老媽傳 LINE 過來」就是沒什麼笑點的事件，但是加入吐槽引子之後，整個爲之改觀。「隨便啦！」這句吐槽本身就成爲了笑點，增添了趣味性。

這是個簡單的技巧，非常便於運用。

從「共鳴」開始，調整聆聽心態

引子還有另一種型態，就是**「從共鳴開始」**。

這是一種讓聽眾對「某事」有共鳴，然後引導進入話題的技巧。

ZUN 的飯尾在「不冷場的搞笑段子」首次登台時，就是用下列的一段話當引子。

「電視節目常常都會去拍外景，大家應該也有經驗，偶爾會遇到讓人覺得『什麼啊～?!』的導演……」

這麼做是在正題之前先引發共鳴，自然進入接下來的話題中。

‧我想不時會遇到神經很大條的人
‧有些人就是容易跟人很親近吧？
‧人總是會有提不起勁的時候
‧是不是也會不由自主的視線跟著美女或帥哥跑？

像這樣加入引子，讓聽者覺得「沒錯！就是有這種人」「啊～我懂我懂」，立刻就能把大家拉進話題中，充滿好奇。

而這個技巧也可以用於簡報、演講之中，用以調整聽眾的心情。

・大家在購物的時候，應該會有看到商品包裝而「買不下去」的經驗（商品企畫簡報）

・大概很多人都會覺得新郎大補君是個「有點迷糊的人」（結婚典禮上的致詞）

這種由共鳴開始，可以馬上就讓聽眾的注意力集中，請務必使用看看。

10

段子作家超正經的講稿修改示範！

只要稍加改變，談話就能變得如此有趣！

在本章節最後一篇，要採用目前爲止介紹過的重點，對一般大眾提供的講稿做增刪。

藝人會修正哪裡？

修改前與修改後會有什麼差異？

只要稍加改變，話題的趣味性、傳達的容易度絕對大相逕庭。

這也可以算是前面招式的總結練習，請務必參考看看。

BEFORE

想要加一句引言以吸引聽眾

想描述具體時間，以增加寫實感

這是發生在**我妹妹結婚典禮**上的事，

我們家那個記性愈來愈差的爺爺也有來參加。

婚宴上不是會有很多好吃的菜嗎？

妹妹也很盡心安排了高價的套餐，大家一邊嚼著軟嫩的牛排啦、麵包啦，一邊說「真好吃」。

但是只有爺爺靜靜的什麼也不吃，露出哀傷的神色。

「他應該捨不得妹妹吧」看著他，我也不禁紅了眼眶，「爺爺，雖然會有點寂寞，但是還是為她開心吧」。

結婚典禮繼續進行，妹妹在唸給媽媽的信的時候，爺爺好像深受感動的大哭起來。

笑點之前的鋪哏有點弱

然後爺爺喃喃自語說了一句「如果不是麵包而是飯就好了……」

原來是我誤會了。

想融入自己的心情，讓笑點更豐富

AFTER

大家都有會錯意的經驗吧?**我倒是有一個非常誇張的會錯意體驗**。

大概是在兩年前吧,是發生在我妹妹結婚典禮上的事,記性愈來愈差的爺爺也有來參加。

婚宴上不是會有很多好吃的菜嗎?

妹妹也很盡心安排了高價的套餐,大家一邊嚼著軟嫩的牛排啦、麵包啦,一邊說「真好吃」。

但是只有爺爺靜靜的什麼也不吃,露出哀傷的神色。

「他應該捨不得妹妹吧」看著他,我也不禁紅了眼眶,「爺爺,雖然會有點寂寞,但是還是為她開心吧」。

結婚典禮繼續進行,妹妹在唸給媽媽的信的時候,爺爺好像深受感動的大哭起來。**我也被感染了氣氛而淚眼婆娑,然後抱住了爺爺**!

結果爺爺喃喃自語說了一句「如果不是麵包而是飯就好了……」!**根本不是因為妹妹而感動啊**!

BEFORE

笑點太弱，要加入吐槽短句作為引子

這是我還是小學生的事，那時跟爸爸約定，如果有去打高爾夫就要買我最愛的鳳梨回來。**不過不是去練習場，而是那種正式打18洞的球場才算**。

爸爸那天又去打高爾夫，一大早就出門了。

結果爸爸中午左右就打電話來。

「我現在要去醫院。」

這裡要加入期待鳳梨的情緒

原來那天爸爸把球打到樹林裡，找球的時候不巧碰到蜂巢，結果**被胡蜂螫到臉**。

然後爸爸就直接去醫院治療後才回家，那時候他的臉**裹著繃帶，看起來就跟鳳梨一樣**。

就跟他每次都回買回來的鳳梨一樣，超可愛的。

像鳳梨的部分描寫稍嫌不足

笑點太弱

加入「嘩哇」之類的狀聲詞◎

進入正題之前太過拖拖拉拉，刪掉

AFTER

這是一個「你自己變身了耶！」的故事。

小學時，跟爸爸約定只要他去打高爾夫，回家就要買我最愛的鳳梨。

爸爸那天又去打高爾夫，一大早就出門了。**「今天也會買鳳梨回來呢～」我超期待的。**

結果爸爸中午左右就打電話來。

「我現在要去醫院」。

原來那天爸爸把球打到樹林裡，找球的時候不巧碰到蜂巢，結果胡蜂**嘩哇的**傾巢而出，臉被螫到了。

爸爸就直接去醫院治療後才回家，那時候他的臉裹著繃帶，**只有頭頂的頭髮露出來一點點**，簡直就跟鳳梨一樣。

哎喲！老爸你變成鳳梨啦！

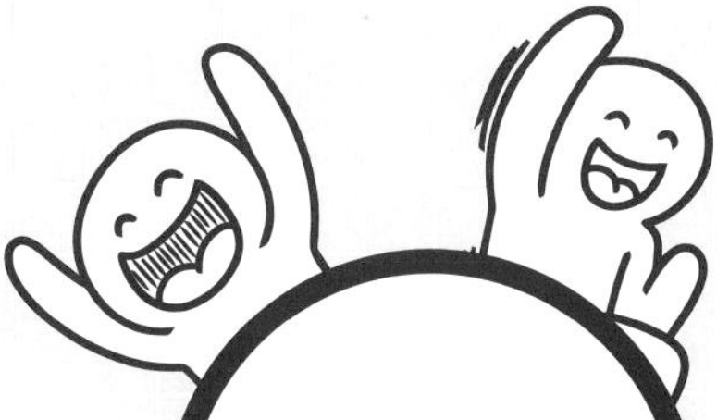

第5章

搞笑類型診斷

了解適合自己的搞笑法！

10

「搞笑法」因人而異

笨嘴拙舌、寡言少語也能搞笑

我剛開始當藝人的時候，眞實的感受到從藝第一年就是搞笑強者的厲害。

當時從藝第三年的我隸屬於日本百年搞笑專業的吉本興業，平常就是跟後輩或前輩表演搞笑 Live 秀。那時候舞台上最會搞笑的，就是當時從藝才第一年的尼神 INTER 的誠子。

她非常善於「使用自己」。對於別人怎麼看待自己、要如何做才能生存瞭若指掌，充分掌握自己的個性的舉止與發言，讓她即使是從藝第一年，也比任何人都還能搞笑。

回想起來，從新手開始就很會搞笑的藝人，都是很能掌握自己到底是什麼個性，並做出適合自己的舉措。

了解自己的個性，然後做出能夠發揮所長的舉措。搞笑的重點是，在使用技巧之前你必須要「了解自己」。

前面的章節介紹了可以活絡談話氣氛，讓說話更有趣的技巧、反應、吐槽等各種「趣味說話術」。

但是最完美的說話術因人而異。找到適合自己的方法，摸索屬於自己的趣味說話術非常重要。

掌握自己的「搞笑類型」，對於成為風趣的人必然大有幫助。提到「風趣的人」「搞笑的人」，或許想到的就是開朗、能言善道，但絕對不是如此。

不善言辭、內向拘謹的人，只要能有配合自己個性的舉措，也能夠製造笑點。相反的，即便是有趣的內容，如果跟人的個性不合，也無法成功搞笑。

我目前從事段子作家的工作，接案時都會花時間去分析所負責藝人的個性，深刻感受到追求「個性與段子的契合度」，能讓笑點暴增。

搞笑有各種要素：段子、故事、話題的構成、反應的方式等，但最大的前提是「誰在說」。

對你而言，有適合你的「搞笑」方式。

笨嘴拙舌、寡言少語類型的人千萬不可以放棄。

任何人都有機會成爲「風趣的人」。

了解自己的「搞笑類型」，你會變得更風趣！

身爲段子代筆作家，我對三百組以上各式藝人做過「個性分析」，自己也有很大的收穫。

我發現**「搞笑類型」大致分為五種**。

①無辜裝傻型……總之就是傻里傻氣，迎合幫腔

②控場吐槽型……主控全場，能準確吐槽，強勢有主見

③揶揄吐槽型……藉由做出被揶揄的反應或吐槽來製造笑點，倍受歡迎

④天然呆型……不用刻意就能製造笑點的「搞笑怪獸」

⑤療癒型……光是存在就讓人身心放鬆的吉祥物

大致了解自己屬於哪種類型，就能找到適合自己的行爲模式。

接下來會詳細解說各種類型，也準備了了解自己是哪種搞笑類型的「類型診斷」。

「自己好像是這一型？」

「我的個性好像可以用這一型。」

如果你有上述發現，那就是離風趣的人又進一步了。不論在溝通或人際關係上，應該都更能順暢進行。

那麼就立刻來看看各種類型的介紹吧！

搞笑類型
1

無辜裝傻型

特徵

- 喜歡裝傻
- 生性開朗，大多受人喜愛
- 即使說話超過界線或失禮也會被原諒
- 基本上沒有責任感。即使自己要寶冷場也不在意。
- 不管是好是壞，一定會說出自己想說的
- 以自我爲中心，如果沒有主角光環無法接受
- 極度討厭失敗
- 大多是老么

解說

迎合幫腔、開朗、好壞都事不關己，總是希望自己是主角。這種缺乏責任感，帶點任性的隨波逐流就是「無辜裝傻型」。

天真、隨心所欲，從頭到尾一直裝傻耍寶，兼具他人都會包容的魅力。大多是教養風格自由、乖巧的老么。

無辜裝傻型的人，**與其當個聽衆，還不如當個積極的說話者比較能突顯自己的優點**。即使是一對一的談話，自己和對方說話的比例大概是「七比三」。即便是面對主管，也會表現出「請聽我說～」的企圖，可以用天眞無辜跟後輩打成一片。這種性格容易搞笑，也受到喜愛。

將自己的立場由「常識」轉換為「非常識」，由「平凡」轉為「罕見」，較容易突顯性格，讓談話氣氛熱絡。

例如在聊是貓派還是犬派，就說自己是兔子派；說到喜歡的水果就說是榴槤等，以「不普通」「非常識」「罕見」的方向來切入對話，比較容易被吐槽，也較能突顯自己的個性。

此一類型的人，不建議去吐槽別人。

即使其他人在搞笑，不要去吐槽，而是跟著一起耍寶。被消遣的時候，不要吐槽、也不要生氣，而是裝傻回應。天真爛漫的小小作弄一下別人，同時揶揄對方。

總之就是盡情裝傻，那份與生俱來的可愛魅力，以及能夠讓別人感到沒有隔閡的個性，自然而然會有良好的人際關係，溝通也能變得順暢。

無辜裝傻型的人與「控場吐槽型」（搞笑類型2）或「揶揄吐槽型」（搞笑類型3）的人在一起，更能活用自己的裝傻和惡作劇，所以可以積極的跟這些類型的人混在一起。

此外，同樣無辜裝傻型的人互相耍寶也很有樂趣，所以跟同類型的人也能成爲好友。

「無辜裝傻型」的行為舉止重點

- □ 多說話少聆聽
- □ 立場轉換為「非常識」「罕見」，談話氣氛較容易熱烈
- □ 「裝傻」回應比吐槽好
- □ 被消遣比消遣別人好
- □ 即使被消遣，不要生氣或吐槽，而要裝傻

搞笑類型
2

控場吐槽型

特徵

・會抛哏給別人、帶動他人，喜歡且擅長控制場面
・眼觀四面耳聽八方，容易察覺現場的違和感（例如是不是有人不太講話）
・不會畏懼尊長，可以自在吐槽
・有責任感、會好好關照後輩
・適合當領導者或隊長，具有可靠的氣質
・即使發生討厭的事也不會受影響，能快速切換心情
・遇到自己無法控制的場面會感到有壓力

解說

自己不會耍寶、積極說話，而是當一個聽眾去吐槽、做反應來製造笑點，這就是控場吐槽型。DOWN TOWN 嬢田雅功、千原二世等在電視節目中擔任主持人的就是屬於此一類型。

控場吐槽型的觀察力很好，擅長察覺違和感。

同時也兼具可以調和現場氣氛的領導能力，在「主持」「司儀」方面能力出眾的就是控場吐槽型。

控場吐槽型的人，**基本上在傾聽與拋哏之間的切換很重要**。此一類型的人，如果想要變得風趣而去耍寶、或是想要靠自己說的話來搞笑，會有種勉強爲之的感覺而沒有很好的效果。

冷靜、客觀的當個聽眾，發現悖離常識的部分或怪奇之處，從中吐槽轉化爲笑點，這樣的行爲舉止是發揮自我個性最好的方式。

和無辜裝傻型很合。**裝傻型的會積極拋哏而出現可吐槽之處，自己很容易就可**

以接哏。

不要變成刻意去吐槽，而是要謹守合乎常識的立場。注意**不要讓自己被瞧不起，也不要過於自嘲**。

但是如果太過能幹，沒有留一點喘息的空間，恐怕也不會受歡迎。有時候要讓別人看見自己的柔弱、溫和的一面也很重要。

在大多數的場合，都積極地擔任控場的角色吧！

大家是否說話機會均等、該把哏拋給誰、透過與生俱來的觀察力來充分發揮自我。

以足球來說，不要當前鋒，要當中鋒，去想想該把球傳到哪邊才能炒熱氣氛、決定要誰來射門（搞笑）。在全方位思考的同時來掌控全場，會更有樂趣。

「控場吐槽型」的行為舉止重點

- □ 聽得多，說得少
- □ 吐槽多，耍寶少
- □ 不要被瞧不起
- □ 多和無辜裝傻型互動
- □ 在人群中扮演控場的角色

搞笑類型 3

揶揄吐槽型

特徵

・讓自己被消遣，並加以反應或吐槽來製造笑點
・大多會被身邊的人輕視、消遣
・在大家都被罵的狀況下，不知怎麼的好像只有自己做了會被罵的事（容易被罵）
・很難拒絕別人
・基本上會認爲「自己忍一下就好」
・觀察力不夠敏銳，容易疏忽（也會成爲被吐槽的點）
・不擅長自己拋哏

解說

總是迷迷糊糊、容易被消遣、容易惹麻煩。

善用這些特徵，將自己被消遣的反應或吐槽當成笑點的「揶揄吐槽型」。同樣是吐槽，不像控場吐槽型那般觀察力敏銳、機靈。

揶揄吐槽型的人，請讓別人消遣，**做出像被欺負的舉動很重要**。自我嘲諷、表演出包、多談一些失敗的經驗，讓大家看見自己膽小、沒出息的一面，顯露弱點，讓其他人覺得「啊，可以消遣這個人」。

這個類型的人如果不被消遣，個性就不會突顯，某個程度上沒有混熟的話很難好好展現自己。

因此**很多一開始都不會展現自己，選擇隱藏自己**。

但也是必要的過程，重要的是要盡可能撒下一些被消遣的種子。這麼一來，不久後大家就會漸漸變得會跟你開玩笑，成爲團體中備受喜愛的角色。

爲此你要先**找到適合消遣自己的類型**。尤其是無辜裝傻型的人，總是會天眞爛漫的揶揄別人，可以多多結識。

即使沒有可以消遣自己的人，也可以自我解嘲（「我在幹什麼啊」「等一下，我現在看起來是不是很蠢？」等，讓身邊的人可以跟著吐槽。

被消遣的時候不要做出「喔，這樣啊……」「我不覺得是那樣啊……」這種有點悲情的反應也很重要。如果一被消遣就很灰心喪志，那別人也下不了手。

被消遣時可以生氣的回應「喂！」「不要鬧了！」或是裝作很氣惱的樣子，重要的是同時也要有享受的心態。

「揶揄吐槽型」的行為舉止重點

- □ 要有意識做出反應
- □ 積極讓自己被瞧不起
- □ 初次見面相處不太合拍，也要不加思索埋哏
- □ 積極與無辜裝傻型搞熟
- □ 自我解嘲

搞笑類型
4

天然呆型

特徵

- 自己的失敗、失言經常引起爆笑
- 不擅長刻意製造笑點
- 即使自己的發言或行爲引發笑點，也無法馬上理解爲什麼氣氛會那麼嗨
- 大多會成爲逗樂大家的人氣王，而被認爲超級天兵的也很多
- 要去做什麼的時候，其他人都會很擔心
- 自己覺得是常識，卻被說悖離常識
- 在奇怪的地方很頑固，挺煩人的

解說

自己不是故意的卻引發笑點——如果這種狀況經常發生，毫無疑問就是「天然呆型」。這種類型的人，不擅長刻意製造笑點，從另一個角度來看，一旦中招可以引發任何人都無法抵抗的大爆笑。

以藝人來說，狩野英孝就是這種類型。他們談話以奇怪的方式開場，逗得大家爆笑不已，但是本人卻焦急的說：「唉唉唉、我接下來才開始要說笑話吶！」不懂大家爲什麼笑開懷的情形屢見不鮮。或者誤以爲自己的談話很有效果，而露出滿足的神情。這種誤解正是天然呆的特徵。

有很多類似經驗的你，就有可能是「天然呆型」。

一旦心裡有了頭緒，重要的是**不要去掩蓋這樣的特質**。

天然呆型的人，有不少都會想要隱藏自己的純眞傻氣。

當然如果是在很嚴肅的場合，那多少需要收斂。不過其實話說得多愈容易顯示出天然呆的一面，產生意外笑點的可能性也更高。

刻意隱藏天然呆的性格，偶爾露出馬腳時，反而會被認爲「這傢伙很糟糕耶」「不要跟他扯上關係」，造成別人敬而遠之。所以隱藏天然呆並不是好事。

不要去想著要怎麼把話說得漂亮，想到就說，不拘形式說出口才重要。

例如看到有人在別人有困難的時候，馬上就從包包裡拿出面紙或藥物，你想要以「知名的動漫人物」來比喻，卻突然想不起名字。

在拚命的想要說清楚「那個……叫什麼名字來著，就是很有名的，圓圓的藍色的那個！」之際，就會出現可以吐槽之處「怎麼就是說不出哆啦A夢啦！」也就變得很有趣了。

天然呆型和吐槽型的人在一起，可以將笑點極大化。對於搞不清楚自己「爲什麼受歡迎」的這個類型而言，能夠客觀且快速吐槽的控場吐槽型絕對不可或缺。即使說話有一點點失禮，是一個可以趣味式吐槽、放心去消遣的人。

「天然呆型」的行為舉止重點

- □ 不要隱藏天然呆
- □ 多多開口
- □ 想說就說，不要修飾
- □ 積極與吐槽型的人在一起

搞笑類型 5

療癒型

特徵

- 只要在場就能給大家療癒
- 經常被說我行我素
- 不知道爲什麼總是能幫助身邊的人
- 擅長聆聽，經常會聆聽別人的煩惱或抱怨
- 人多的時候，有能主控全場的人在會比較安心
- 和無辜裝傻型一樣備受喜愛包容

解說

有自己的步調，溫和親切。這種人光是本身的存在以及講話的方式，就能讓身邊的人感到療癒。這種像吉祥物般的人物就屬於「療癒型」。

以藝人來說，Miyazon 可以算是典型，空手道家的矢部也可以歸入這一類。

這種類型的人，重要的是**不論說話或聆聽都有自己的步調，講話的節奏也不用配合他人**。

為了要兼顧其他人而講話變得很快、或者是要配合現場氣氛而刻意突顯自己，都會讓你的特色無法顯現，失去與生俱來的惹人憐愛氣質。

如果覺得自己是我行我素的人，那就是屬於這一類。

只要坦率的表達自己的意見，就能產生笑點。

例如對別人毒舌說「好噁心～」「好蠢～」，療癒型的人說起來就很中性，感覺上像是讓人有好感的玩笑。

此外，遇到討厭的事情直接明講也不太會有問題。連這樣都會被包容，甚至是引發笑點，這就是療癒型的強項。同樣的事情如果是控場吐槽型的人講得這麼白，會讓人覺得「這個人好嚴肅」「這個人好難相處」，但是療癒型的人卻不會。

只有療癒型的人與其他類型的人不同，沒有特別跟哪個型好相處或難相處。只不過這種光是存在就能給人療癒、受大家喜愛的人，大多數對別人不太感興趣，因爲他們很少被討厭或被嫌棄。

例外的是有些人會對控場吐槽型的人感到苦惱。療癒型的人不喜歡受到別人的干涉，所以對於以強烈口吻說教的控場吐槽型，在一起都會覺得有壓力。

但在人多的情況下，反而是有能夠掌控全局的控場吐槽型的人在會倍感安心，所以會隨著狀況而有合與不合的情形。

「療癒型」的
行為舉止重點

□ 有自己的步調，用自己的節奏說話

□ 不需要過於配合現場氣氛

□ 如果自己的性格被認同，那毒舌或明確表達意見也OK

一分鐘了解自己的類型！搞笑類型診斷

不擅長說話也不用太在意

前面介紹的五種類型，是我診斷過數百組藝人之後歸納出來的「搞笑類型」分類。

也推薦各位讀者大致去掌握自己屬於哪個類型，該怎麼做才會受到喜愛、談話氣氛才會熱烈、才會有笑點。能夠了解到這一點，與其他人的溝通和人際關係也會立刻變得圓滑。

如果行有餘力，就請觀察身邊的人屬於哪種類型，可以作爲和對方溝通時的參考。

順道一提，與同類型的人在一起的時候，會發生自己無法充分發揮的狀況。尤其是吐槽型，同一場合已經有其他同類型的人，變得毫無用武之地也不是稀奇的事。連一流藝人也難以倖免，同一場合有和自己相似類型的藝人存在，也只能被晾在一邊了。

可以看到這種情形的就是《笑笑也可以！》的最後一集。雖然是集結了喜劇泰斗等各種藝人登場的夢幻節目，但就出現相同類型藝人互相亂入的狀態。

平常可以精準掌控全場的控場吐槽型 NINETY-NINE 矢部，遇到同樣類型的前輩明石家秋刀魚和 DOWN TOWN 的濱田，立刻就武功盡失而莫可奈何。

了解到這個層面，就會知道到即使有些場合自己不能充分發揮，也不需要過於沮喪。**能不能說得好，與跟哪種類型的人在一起息息相關**。

在這個團體中可以辯才無礙，但那個團體卻處處碰壁——這種煩惱很常見，其實是受到他人類型的影響。

搞笑二刀流才吃香

順道一提，在這樣的情況下，**切換成「其他類型」**也是一個方法。

當全場只有裝傻型而沒有吐槽型，性格比較沉穩的自己就轉換成控場吐槽型。或者是有和自己一樣控場吐槽型的人，那就試著切換爲無辜裝傻型。

配合現場狀況，刻意的去切換自己的類型。

DOWN TOWN的濱田就是最好的實例。平常是控場吐槽型的他，根據狀況會切換成裝傻型，順利製造笑點。

事實上，幾乎每個人都有兩種以上的類型特質。

有人平常是某一種搞笑類型，但是在不熟悉的場合下就會變成另一種類型，所以自在的二刀流切換應該並非難事。

例如明石家秋刀魚雖然是「控場吐槽型」，卻讓人覺得有在裝傻耍寶的印象。這是因爲他也有「無辜裝傻型」的特質。

FUJIWARA的藤本原本是「揶揄吐槽型」，但也是「無辜裝傻型」特質很明顯的藝人。所以在當常態性嘉賓的時候，很能裝傻搞笑。

其他例子還有四千頭身的後藤，是「療癒型」也是「揶揄吐槽型」；ZUN的飯尾是「無辜裝傻型」也是「療癒型」。

另外還有可以轉換成各種類型的超人，麒麟的川島就是綜合型。

接下來進行的「搞笑類型診斷」中，或許也會出現幾乎每個項目得分都很高，幾乎沒有特別差異的人。

但是這樣也可能會樣樣精通樣樣疏鬆，無法展現自己的特質，反而變成存在感很低。

這種狀況下，推薦要先將火力集中於一個類型來養成。各個擊破之後，就有機會變成任何場合都可以炒熱氣氛的超強搞笑怪獸。

來診斷你的「搞笑類型」吧

那麼就實際來診斷你的搞笑類型吧！

執行「搞笑類型診斷」，可以了解自己屬於哪種類型，尤其是和哪個類型的人比較合拍。

請依序回答問卷中的題目。

①符合表1所述的選項請打勾

②將打勾的選項轉換爲1分，將分數填入表2

表2中分數最高的類型，就是你所屬的搞笑類型。

如果還有其他點數高的類型，代表你也具有該特質，可以按照場合彈性的切換使用。

表 1 搞笑類型診斷問卷

	選項	勾選欄
A	沒有責任感	
	喜歡開玩笑	
	硬要歸類的話是屬於任性的	
B	經常被父母誇讚	
	充滿好奇心	
	對於已經發生過的事情不會耿耿於懷	
C	經常會被說很機靈	
	很容易發現細微不同或是錯誤之處	
	喜歡設定計畫並按計畫進行	
D	大多是拋哏給別人接	
	喜歡被依賴	
	和後輩相處比前輩來得愉快	
E	不懂得拒絕	
	經常被瞧不起	
	常常會白忙一場	
F	經常犯錯	
	常常誤解	
	做事沒效率	
G	不知道為什麼會引發笑點	
	很多時候詞不達意	
	常常會聽錯	
H	被說「看起來總是很幸福」	
	想要做些什麼，身邊的人總會擔心	
	即使一直不說話也不會不自在	
I	被說是好人	
	講話步調很慢	
	不給建議，只是聆聽抱怨	
J	有人可以控場會感到安心	
	和人很親暱	
	相較於其他人，即使說話失禮也不會被罵	

表2 搞笑類型診斷　計分表

無辜裝傻型特質

A□分＋B□分＋J□分＝□分

控場吐槽型特質

B□分＋C□分＋D□分＝□分

揶揄吐槽型特質

D□分＋E□分＋F□分＝□分

天然呆型特質

F□分＋G□分＋H□分＝□分

療癒型特質

H□分＋I□分＋J□分＝□分

後記

成爲段子作家後，迄今已經與三百組以上，約六百位藝人合作過，不斷在深切思考「藝人怎麼樣才會受歡迎？」而這些經驗總結的答案，就是讓場子熱絡充滿趣味，並沒有適用於每個人的「共通技巧」。

我們每一個人個性不同，說話音調和速度都不一樣。到目前爲止，各位應該也有經驗，學習了各式各樣的說話技巧卻無法發揮效用。但其實那只是因爲那些技巧不適合「你」。

如同職棒選手的打擊技巧各有不同一樣，正確的說話方式也會因人而異。我最好的說話方式和你的也不可能一樣。

有人「大聲、語氣開朗」才會有笑點，也有人「小聲、含糊說話才有趣」。

重點在於是否適合自己。

本書也介紹了各式各樣的說話方式、搞笑技巧，請實際使用看看，不合適的就捨棄，只要留下適合的就好。

這才是成爲風趣的人、說話高手的捷徑。

第5章所介紹的「類型診斷」，應該可以成爲幫助你找到適合的說話方式、行爲舉止、搞笑方式的重要線索。

我當藝人負責捧哏的時候，也有過一直擔心「如果不好笑怎麼辦」而因此表現不好的時期。

現在我知道自己是屬於揶揄吐槽型，在溝通與跟他人相處時都變得輕鬆許多。

光是了解自己的類型，就更加接近有自我風格的好的說話方式。

除了搞笑類型診斷之外，還有其他可以了解自己的方式。

請回想一下「學生時代在班上是什麼角色？」

我在從事段子作家的工作之際，一定會問藝人這個問題。

因為學生時代不會偽裝自己，最能率真表現「自我」。

隨著年齡增長，會有「社會人士一定要這樣」或「想要變成像自己崇拜的人一樣」想法，而掩蓋了自己的本質（魅力）。

很多人藉著去回想「以前的自己」，找到適合自己本質的段子，改變說話方式，馬上就變成會搞笑的人。

大家也去回顧過往，找尋自己的本質吧！

「學生時代我曾經是會裝傻搞笑的人。」

「被消遣吐槽的那段時期人際關係最好。」

找到自己的本質，應該就能找到更適合自己的說話方式和搞笑方式。

最後要非常感謝製造本書寫作契機的鑽石社畑下裕貴先生，是他找到我，並且比我更加為本書設想。

託他的福，本書達到百讀不厭的高水準，成為一本很出色的書。我真的覺得和畑下先生一起出版本書是個絕佳的體驗。

然後對於閱讀本書的你，也想致上最高謝忱。

謝謝你找到這本書、翻閱這本書。

身爲作者的我，熱切盼望你的未來的人生，能被許多歡笑圍繞。

人生是一段追尋自我的旅程。我也還在持續找尋適合自己的技巧。今後一起尋找吧！

哪天如果遇到我，請跟我說：「Shibapi！你的書只有普通有趣啦！」

然後我會吐槽你：「說什麼鬼話啊！」

我在 TikTok（@shibapi212）和 Twitter（@Daisukedon0808）上等大家的消遣吐槽，請大家放鬆心情來拜訪。如果有興趣，也歡迎來參加我的 LINE 社群。

那麼各位，

後會有期!!

Eurasian Publishing Group
圓神出版事業機構
用心與你對話．視野無限寬廣
如何出版社
Solutions Publishing
www.booklife.com.tw　reader@mail.eurasian.com.tw
Happy Learning 205

最強暢聊法：笑神助攻！越聊越開心的說話術

作　　者／芝山大補
譯　　者／張佳雯
發 行 人／簡志忠
出 版 者／如何出版社有限公司
地　　址／臺北市南京東路四段50號6樓之1
電　　話／（02）2579-6600・2579-8800・2570-3939
傳　　真／（02）2579-0338・2577-3220・2570-3636
副 社 長／陳秋月
副總編輯／賴良珠
責任編輯／柳怡如
校　　對／柳怡如・張雅慧
美術編輯／李家宜
行銷企畫／陳禹伶・朱智琳
印務統籌／劉鳳剛・高榮祥
監　　印／高榮祥
排　　版／陳采淇
經 銷 商／叩應股份有限公司
郵撥帳號／ 18707239
法律顧問／圓神出版事業機構法律顧問　蕭雄淋律師
印　　刷／祥峯印刷廠
2022年12月　初版

定價 360 元　ISBN 978-986-136-644-9　

如同職棒選手的打擊技巧各有不同一樣，正確的說話方式也會因人而異。我最好的說話方式和你的也不可能一樣。有人「大聲、語氣開朗」才會有笑點，也有人「小聲、含糊說話才有趣」。重點在於是否適合自己。

——《最強暢聊法》

國家圖書館出版品預行編目資料

最強暢聊法：笑神助攻!越聊越開心的說話術／芝山大補 著；張佳雯 譯.
-- 初版. -- 臺北市：如何出版社有限公司，2022.11
240 面；14.8×20.8 公分. --（Happy Learning；205）
譯自：おもろい話し方：芸人だけが知っているウケる会話の法則
ISBN 978-986-136-644-9（平裝）

1.CST: 說話藝術 2.CST: 人際傳播
192.32 111017136